transformando
a sala de aula

B726t Borba, Gustavo Severo de.
        Transformando a sala de aula : ferramentas do design para engajamento e equidade / Gustavo Severo de Borba, Melissa Merino Lesnovski. – Porto Alegre : Penso, 2023.
        xiii, 80 p. : il. ; 23 cm.

        ISBN 978-65-5976-024-4

        1. Educação. 2. Criatividade. 3. Professores e alunos. 4. Multiculturalismo. I. Lesnovski, Melissa Merino. II. Título.

CDU 37.04

Catalogação na publicação: Karin Lorien Menoncin – CRB 10/2147

GUSTAVO SEVERO DE BORBA
MELISSA MERINO LESNOVSKI

transformando a sala de aula
ferramentas do *design* para engajamento e equidade

Porto Alegre
2023

© Grupo A Educação S.A., 2023.

Gerente editorial
Letícia Bispo de Lima

Colaboraram nesta edição

Coordenadora editorial
Cláudia Bittencourt

Editora
Paola Araújo de Oliveira

Capa
Paola Manica | Brand & Book

Preparação de originais
Marquieli de Oliveira

Leitura final
Caroline Castilhos Melo

Editoração
Ledur Serviços Editoriais Ltda.

Reservados todos os direitos de publicação ao
GRUPO A EDUCAÇÃO S.A.
(Penso é um selo editorial do GRUPO A EDUCAÇÃO S.A.)
Rua Ernesto Alves, 150 – Bairro Floresta
90220-190 – Porto Alegre – RS
Fone: (51) 3027-7000

SAC 0800 703 3444 – www.grupoa.com.br

É proibida a duplicação ou reprodução deste volume, no todo ou em parte, sob quaisquer formas ou por quaisquer meios (eletrônico, mecânico, gravação, fotocópia, distribuição na Web e outros), sem permissão expressa da Editora.

IMPRESSO NO BRASIL
PRINTED IN BRAZIL

Autores

Gustavo Severo de Borba é professor e pesquisador. Mestre e Doutor em Engenharia de Produção pela Universidade Federal do Rio Grande do Sul (UFRGS). Especialista em *Design* Estratégico pela Universidade do Vale do Rio dos Sinos (Unisinos). Atua na graduação, no mestrado e no doutorado em cursos relacionados a *design* e inovação. Pesquisa processos de *design* para a construção do engajamento de professores e alunos. É pai da Clara e da Giulia, casado com a Ana, mora em Porto Alegre e acredita que a educação é a principal forma de transformação para um país.

Melissa Merino Lesnovski é professora, *designer* e pesquisadora. Mestra e Doutora em *Design* pela Unisinos. Especialista em Arquitetura Comercial pela Unisinos. Realizou MBA em Comunicação e *Marketing* pela Escola Superior de Propaganda e Marketing (ESPM). Atua na graduação e na especialização em cursos relacionados a *design* e inovação, bem como no mercado de comunicação digital. Pesquisa cuidado e fricção no *design*, dentro do vasto campo sociotécnico, e é praticante fervorosa do *workshop* como espaço de descoberta, invenção e transformação. É irmã da Ana e da Thaís, humana de dois gatos e já morou em sete cidades – quando chegou a Porto Alegre, resolveu ficar. Acredita que a educação é libertadora, pois permite sonhar novos sonhos e construir novos mundos.

Dedicamos este livro a todas as pessoas que pensam a educação como um processo transformador e dependente de uma visão coletiva. Pessoas que percebem que educar para a transformação social depende de uma perspectiva para e com o outro. Afinal, educar é um ato coletivo.

Agradecimentos

Agradeço a todos os colegas da universidade, especialmente da graduação e da pós-graduação em *design*, pelo contínuo aprendizado nestes últimos 15 anos. Também sou grato a todos os alunos, que constroem com a gente novos caminhos, geralmente nos desafiando a olhar para os mesmos espaços e conceitos de diferentes maneiras. Agradeço às minhas filhas, Giu e Cla, e à Aninha, por sempre estarem perto e pelo amor de cada uma delas. Agradeço à Mel por ter aceitado o desafio de fazermos este livro, que ilustra uma parte do que temos feito juntos nas aulas e nos projetos nos quais buscamos construir novas possibilidades, novos caminhos, novos olhares, a partir do *design*, para a educação.

Gustavo Severo de Borba

Agradeço à comunidade da universidade – professores, alunos e funcionários – pela inspiração e aprendizado nestes poucos anos de docência. Sou grata à minha família pelo apoio incondicional e às crianças com quem convivo – Luiza, Mariana e Rafaela – pelo desafio de ser uma adulta criativa à altura das três. Ao Gustavo, um agradecimento em múltiplas camadas por nosso caminho juntos, desde as aulas no mestrado e as turmas que compartilhamos até a aventura de escrever um livro que se fez, fazendo: uma obra construída com base em nossos percursos e inquietações na educação.

Melissa Merino Lesnovski

Prefácio
Por que escrevemos este livro?

Quando Herbert Simon escreveu o livro *As ciências do artificial*, nos idos de 1968, nomeou um campo de conhecimento que se atrevia não apenas a romper as fronteiras entre universos distintos do saber, mas também a tentar compreender como nós, humanos, tomávamos decisões. Nas escolhas que fazíamos, designávamos. A obra, um marco na literatura científica da aprendizagem e da inteligência artificial, é um pilar importante na compreensão do que, hoje, chamamos de *design*.

Essa ideia de que o *design* corporificaria o saber e o fazer de quem propõe intervenções ao mundo foi enriquecida por inúmeros outros pensadores ao longo dos anos. Donald Schön, por exemplo, ao abordar a prática reflexiva, fundado nas reflexões sobre a experiência, de John Dewey, mostra que dialogamos com os instrumentos que construímos enquanto os construímos. Um canvas, um jogo de cartas projetual, um mapeamento visual, não são formulários a serem preenchidos, são espaços de ressignificação e de criação do novo, do inesperado.

Foi por meio do *design* que este livro ganhou vida. Não apenas por ter sido escrito por dois profissionais, professores e pesquisadores da área, mas por consistir em uma chave interessante de interpretação para realidades da inovação em educação no ano de 2022. Escrever um livro sobre inovação é uma empreitada pretensiosa. E, paradoxalmente, um tanto comum. Se escrever é lançar palavras ao futuro, do momento em que as páginas são escritas até o instante em que o primeiro leitor as folheia, todo um mundo de fatos, dados, significados e convenções escorre ampulheta abaixo e coloca em risco a validade de tudo o que está escrito.

Quando o Gustavo propôs à Melissa escreverem um livro sobre inovação em educação, ela – que escreve este parágrafo em uma confortável terceira pessoa – concordou rapidamente. Como ambos trabalhavam no Instituto para Inovação em Educação, da Universidade do Vale do Rio dos Sinos (Unisinos), a localização mais lógica dessa inovação foi dentro do campo da educação. A partir daí, o foco do livro foi, sucessivamente, objeto de reflexão e transformação. Que inovação é essa da qual trataremos, localizada na educação?

A tentação de falar sobre tecnologias e metodologias em sala de aula foi grande, assim como abordar novas espacialidades e formatos didáticos. Eram temas confortáveis, objeto de inúmeras palestras e consultorias nas quais estivemos envolvidos nos últimos tempos. No entanto, havia algo mais. Algo que, ao mesmo tempo, precede o pensamento sobre a tecnologia, o processo, a formação, o espaço. E algo que o sucede.

Assim como no *design*, a escrita não ocorre no vácuo. Ela é enraizada em um lugar e seus tempos: o passado que a produziu, o presente que a materializa, o futuro que lhe permite sonhar.

Escrevemos este livro em solo brasileiro. Uma terra forjada com o trabalho de milhões de pessoas traficadas e escravizadas que moldaram a estrutura social não apesar dessas desigualdades, mas a partir delas. As relações desiguais entre brancos, negros e indígenas, entre homens e mulheres, assim como outros eixos de poder e submissão, delinearam nosso mundo. A sala de aula é o microcosmo desse mundo. Ao mesmo tempo, é a porta de saída para novos futuros.

Adotamos, neste livro, uma inovação orientada para a diversidade, a equidade e a inclusão. Falamos, portanto, de temas que estão conectados a alguns dos efeitos mais sensíveis e perversos de nossa construção social. Propomos abordagens um tanto distantes das imagens brilhantes de inovações tecnológicas e processuais na educação. Contudo, elas permitem que enxerguemos o alicerce injusto de nossa construção social e os abismos que devemos transpor para produzirmos valor humano para a sociedade. Essas abordagens podem revelar desigualdades e sofrimento. Mas elas também permitem que se exerça o cuidado – um tema presente no campo de estudos feministas e relacionado a tudo o que fazemos para manter, reparar e proteger neste mundo.

Operar uma sala de aula e projetar suas atividades são processos que envolvem agir diretamente sobre a transformação do mundo – reconhecendo o lugar onde estamos e traçando estratégias para nos movermos para horizontes mais justos, amorosos e cuidadosos.

Este livro trata sobre a inovação na educação voltada para a diversidade, a equidade e a inclusão por meio do pensamento e das ferramentas projetuais do *design*. A partir do conhecimento e da prática reflexiva de quem propõe intervenções ao mundo, sugerimos ferramentas que permitem enxergar a diversidade em nossas salas de aula, empreender práticas inclusivas e criar caminhos para a equidade. Portanto, esta é uma provocação à leitura constante dos mundos que arrastamos conosco e à proposição inventiva de transformações cuidadosas a esses mundos. A obra celebra a tomada de decisão para enxergarmos o que está invisível em nosso cotidiano.

No momento em que escrevemos este Prefácio, a televisão comenta a eleição de um novo governo no Brasil. Nos debates pós-eleição, enxergamos as inquietações que nos trouxeram até aqui: como produzir riqueza com equidade, incluindo os marginalizados e valorizando a diversidade presente em cada contexto. Esperamos que as práticas de leitura e intervenção aqui propostas inspirem novos movimentos, técnicas e processos rumo a mundos desejáveis.

Sumário

Prefácio xi
    Por que escrevemos este livro?

PARTE I 1
    Mergulhando em conceitos

Capítulo 1 17
    Somos todos projetistas

Capítulo 2 33
    Professores

Capítulo 3 39
    Currículo

PARTE II 43
    Projetando caminhos

Capítulo 4 47
    Diversidade

Capítulo 5 53
    Equidade

Capítulo 6 61
    Inclusão

Considerações finais 67
    Partindo para a ação

Posfácio 73

Referências 77

PARTE I

Mergulhando em conceitos

O contexto que deu origem a este livro é marcado por grandes transformações. Ele pode ser compreendido a partir de, pelo menos, três elementos: a mudança no perfil dos alunos, a pandemia da covid-19 e a compreensão de que fazer diferente é viver em nossa plenitude.

MUDANÇA NO PERFIL DOS ALUNOS

Em 2018, realizamos uma pesquisa, em parceria com duas pesquisadoras norte-americanas, que resultou em uma análise da geração que estava ingressando no ensino superior.

Corey Seemiller e Meghan Grace (2016) haviam realizado uma pesquisa nos Estados Unidos que resultou no livro *Generation Z goes to college*. Após realizar a leitura desse livro, Gustavo contatou as pesquisadoras via *e-mail*, perguntando a elas se teriam interesse de desenvolver um estudo semelhante no Brasil. Esse processo avançou, gerando uma grande pesquisa com foco no ensino superior, que, por sua vez, gerou artigos sobre o perfil dos alunos brasileiros (BORBA *et al.*, 2019) e estudos comparativos com os dados norte-americanos (SEEMILLER *et al.*, 2021; SEEMILLER *et al.*, 2019).

Quatro anos depois desse movimento, reencontramos as pesquisadoras Corey e Meghan, mas agora elas tinham um desafio mais ambicioso:

desenvolver o estudo em 40 países.[1] Prontamente, aderimos à proposta e, durante o ano de 2021, desenvolvemos os materiais e o processo de coleta da pesquisa, com parceiros internacionais de todo o mundo. No início de 2022, recebemos os dados finais dos estudantes brasileiros e desenvolvemos uma análise ainda mais abrangente do que havia sido desenvolvido em 2018, dado que as questões se ampliaram e pudemos olhar para comportamentos, construção de amizades, interesses, engajamento em questões sociais, entre tantas outras temáticas. Esse estudo está agora na fase de análise e comparação dos dados, o que permitirá, em breve, uma avaliação das eventuais diferenças e semelhanças no perfil dos estudantes pelo mundo. Globalmente, tivemos mais de 20 mil respostas (SEEMILLER *et al.*, no prelo).

Essa investigação foi um vetor importante para a escrita deste livro, pois, por meio dela, identificamos características bastante importantes dos estudantes, que demandam uma transformação na forma como atuamos. Os 908 alunos brasileiros que responderam à pesquisa nos ajudaram a entender alguns elementos que provavelmente fazem parte do perfil dessa geração, como as características que eles percebem ter, os interesses sociais e como eles desenvolvem amizades e relacionamentos. Alguns pontos devem ser considerados aqui e estão descritos a seguir.

O perfil da geração Z: como eles se percebem

Uma das questões que elaboramos para os alunos buscava identificar a percepção deles sobre suas características. O principal objetivo era compreender como os jovens se enxergam. Os resultados estão no gráfico a seguir, mas cabe destacar que as respostas são similares às da pesquisa realizada 4 anos atrás e muito similares às da pesquisa desenvolvida por Seemiller e Grace (2016) nos Estados Unidos. Entre as características percebidas pelos jovens, destacam-se: ser leal, mente aberta, reflexivo e responsável. As características com as quais eles menos se identificam são: visionário, conservador e oportunista. Aqui, cabe destacar que os dados globais preliminares apontam para semelhanças muito fortes. Segundo a pesquisa global, as três características principais são: leal, responsável e reflexivo, o que está muito

---

[1] Essa pesquisa foi desenvolvida no Brasil pelos pesquisadores Paula Capagnolo, Isa Mara Alves, Sérgio Mariucci, Debora Barauna e Lara Luft e contou com o apoio da Associação Nacional de Educação Católica (Anec).

próximo dos dados nacionais. Em contrapartida, as três menos citadas são inspirador, oportunista e conservador, também muito próximo dos dados brasileiros.

Quais das características a seguir o descreve fortemente?

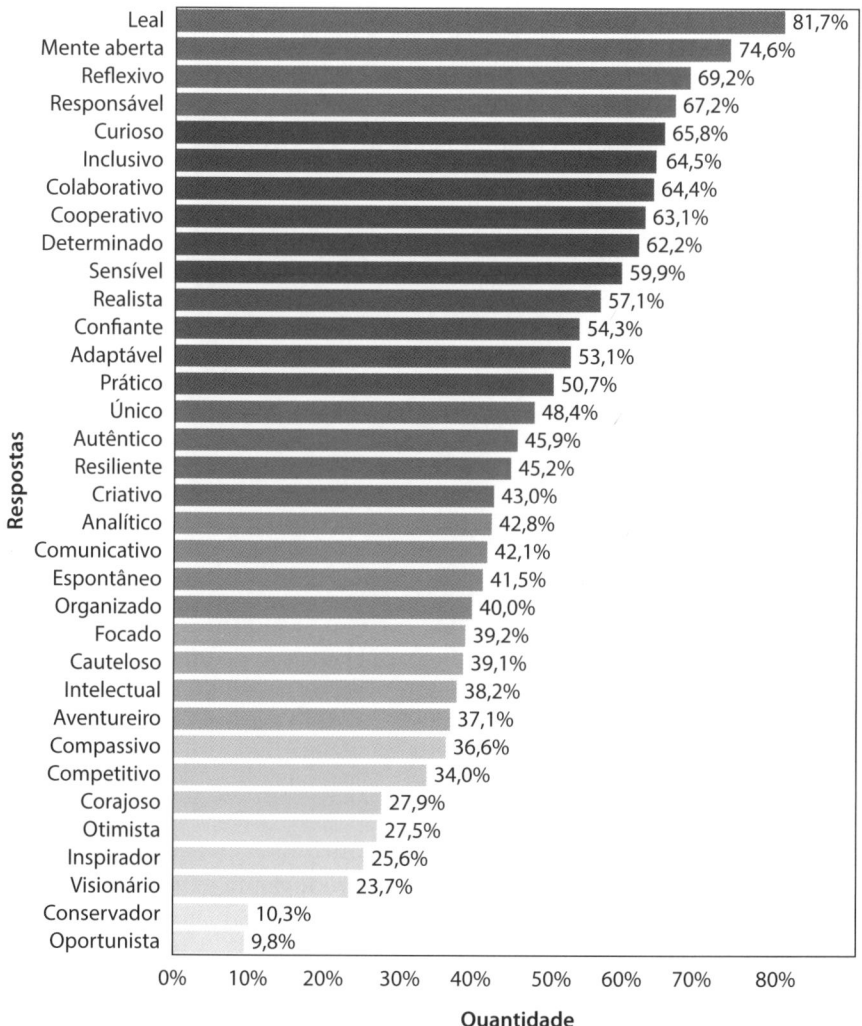

Impactos da pandemia da covid-19 e construção de relacionamentos

Um dos pontos de maior interesse para nós era compreender quais hábitos haviam sido impactados pela pandemia da covid-19. O gráfico a seguir apresenta esse resultado, demonstrando que aspectos de consumo foram impactados (a questão mais citada foi mudança nos hábitos de consumo). Contudo, também ocorreu uma mudança social em termos de moradia, pois os jovens voltaram (ou permaneceram) a morar com os pais, e uma parte teve de abandonar a universidade. No gráfico a seguir, vemos esses dados representados para a pesquisa global (SEEMILLER *et al.*, 2022).

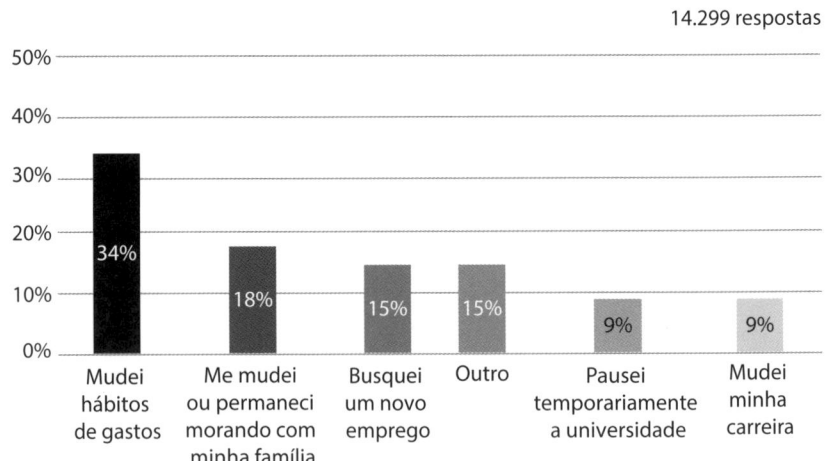

Comportamento na pandemia: quais comportamentos você teve devido à pandemia? Selecione quantos julgar necessário.

14.299 respostas

- Mudei hábitos de gastos: 34%
- Me mudei ou permaneci morando com minha família: 18%
- Busquei um novo emprego: 15%
- Outro: 15%
- Pausei temporariamente a universidade: 9%
- Mudei minha carreira: 9%

Buscamos, ainda, compreender quais elementos impactaram a construção de relacionamentos pessoais. Em primeiro lugar, ficou a ideia de compartilhar valores, conforme a figura a seguir. Em segundo lugar, mesmo que bem distante, está a importância de compartilhar visões políticas. Os dados globais também apontam para valores similares, em primeiro lugar, com 35% das respostas, seguidos de *hobbies* similares, com apenas 10%.

Em que extensão cada um dos fatores a seguir é considerado muito importante para você desenvolver uma nova amizade?

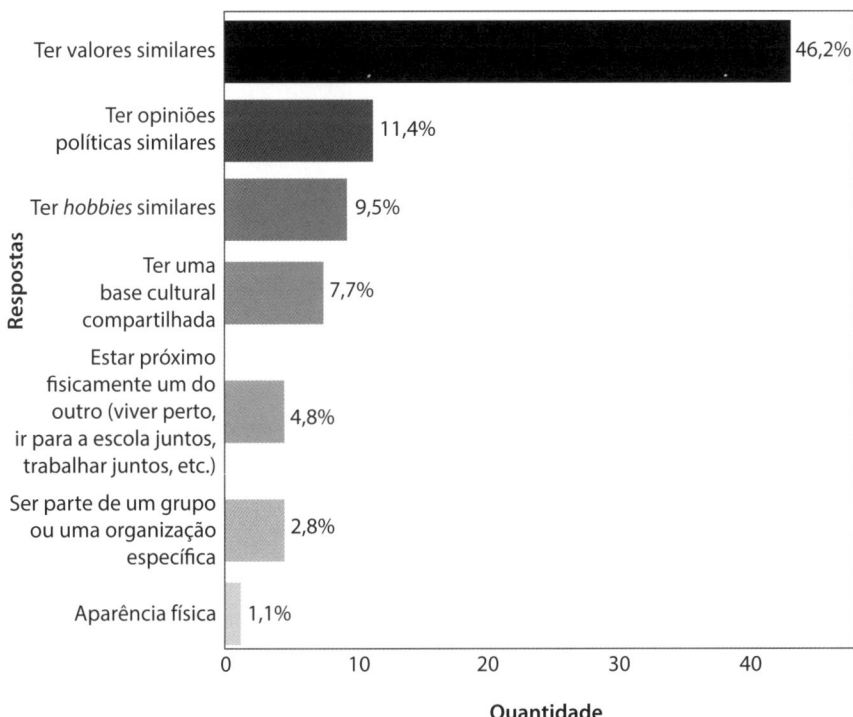

Comunicação e questões sociais

Destacamos duas questões fundamentais para nossos objetivos com este livro. A primeira é compreender as preferências de comunicação dos jovens. A segunda é entender quais são os problemas sociais com os quais eles estão mais preocupados, a fim de promover o desenvolvimento de atividades de extensão nas escolas e nas universidades, gerando engajamento coletivo.

Percebemos que a forma preferida de comunicação dos jovens é por meio de conversa pessoal e presencial. Em seguida, aparecem as mensagens de texto em aplicativos digitais. No final da lista, estão as tecnologias percebidas como menos amigáveis para os jovens, como *e-mail* e chamadas telefônicas. Para os dados globais, as variações são pequenas: 77% de conversas presenciais, 54% de mensagens de texto, 47% de mensagens diretas, 28% de chamadas telefônicas, 23% de videochamadas e apenas 17% de uso de *e-mail*.

Em que nível você gosta de se comunicar com outras pessoas com os seguintes métodos comunicacionais? Marque quantos forem necessários, considerando aqueles de que mais gosta.

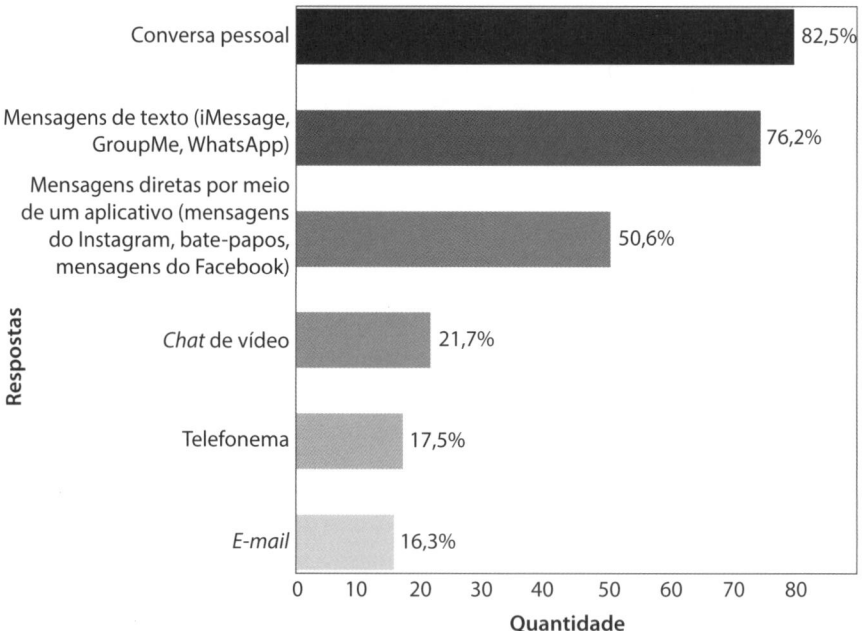

Com relação às questões sociais, a que se destaca como principal é a preocupação em relação à educação. Logo a seguir, aparecem as questões relacionadas com saúde, pobreza e desemprego, bem como questões sociais, como racismo, homofobia, economia e sexismo.

Com quais questões sociais você está muito preocupado? Marque quantas julgar necessário.

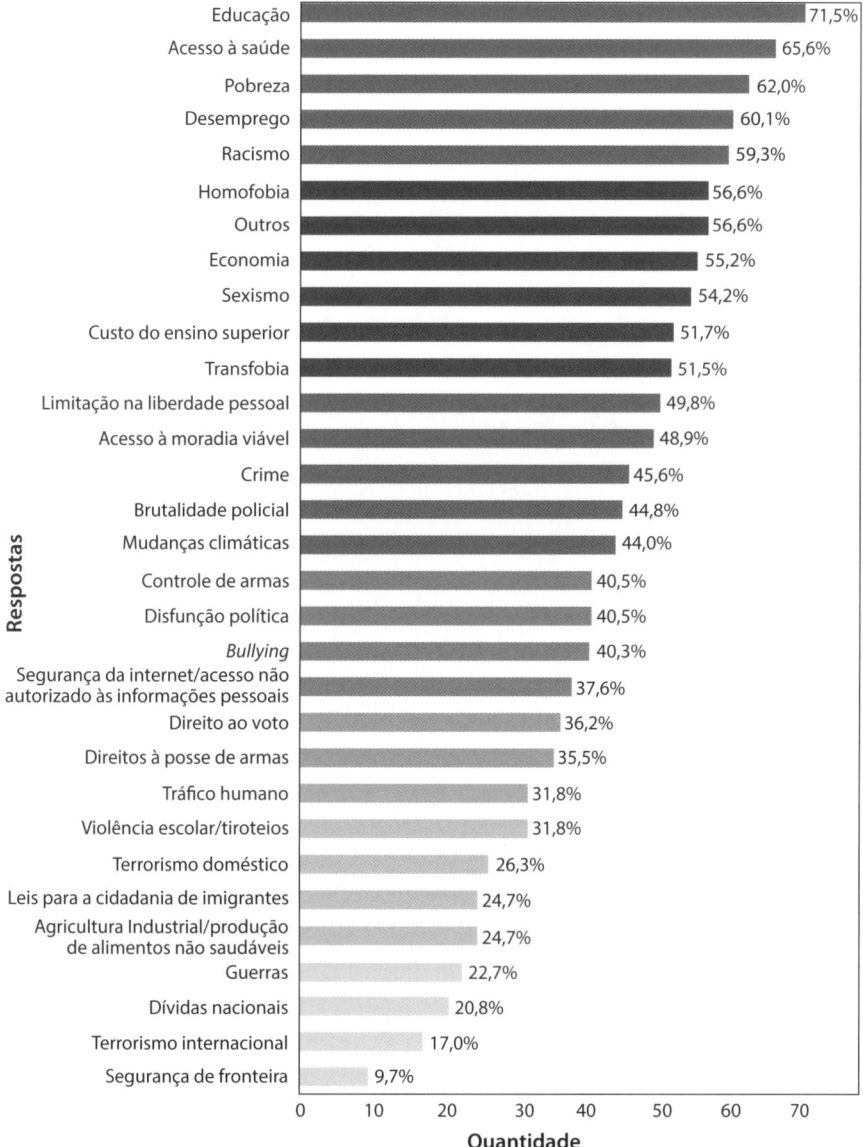

Por fim, destacamos um dado da pesquisa global que aponta para o uso e a preferência entre diferentes plataformas (SEEMILLER *et al.*, 2022).

Qual das seguintes plataformas você mais utiliza?

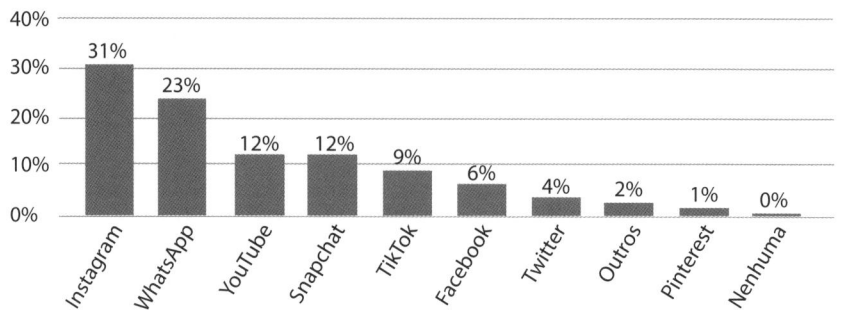

PANDEMIA DA COVID-19

Enquanto escrevemos este capítulo, estamos no fim de 2022. A pandemia da covid-19, embora em menor intensidade, segue tirando a vida de muitas pessoas.

Segundo dados da Johns Hopkins University (2022), até o presente momento, a pandemia já contaminou 531,3 milhões de pessoas, resultando em 6,29 milhões de mortes. Esses dados demonstram a seriedade do momento em que vivemos, bem como a importância da busca de alternativas qualificadas para apoiar e desenvolver o processo de aprendizagem dos alunos.

Mas qual é a relação direta da pandemia da covid-19 com a proposição deste livro? No início da pandemia no Brasil, ainda em março de 2020, tivemos uma mudança significativa por aqui. De um dia para o outro, escolas e universidades fecharam, e, em poucos dias, o ensino presencial remoto começou a se desenvolver. Inicialmente, achávamos que isso duraria 2 semanas, no máximo 1 mês, porém, quando vimos, esse processo se ampliou e seguimos o ano todo com atividades a distância. Durante esse período, tivemos a oportunidade de conversar e capacitar centenas de professores para o uso de tecnologias e a construção de empatia *on-line*. Além disso, por meio de *workshop*s virtuais – e, quando a pandemia permitiu, presenciais –, tivemos momentos de construção coletiva de ferramentas, planos de aula, planejamentos e, mais importante, cenários possíveis para a sala de aula.

Nesses quase 3 anos, atravessamos muitas dificuldades. Além disso, vivenciamos as inovações propostas por professores para engajar, ressignificar e incluir seus alunos. Observamos o que engajou e o que afastou os alunos, e pudemos ver que as ferramentas tecnológicas são apenas um meio de promover conexão; dificilmente serão o principal veículo para isso. A tecnologia, portanto, é importante, porém o propósito que a organiza, formata e dirige é superior. A partir dessa experiência, aprendemos como nunca e ampliamos as possibilidades e as ferramentas para a proposição de uma aula inovadora.

A tabela a seguir mostra os resultados da pesquisa publicada no livro *Projetando cenários futuros na educação* (BORBA; ALVES; BARAUNA, 2021), que envolveu 478 professores e representa a diversidade de ferramentas e recursos pedagógicos utilizados no período da pandemia.

Ferramentas e recursos pedagógicos

Ferramentas e recursos	Respostas
E-mail	776
WhatsApp	539
Questionário no Moodle	414
PowerPoint Online	403
Outros	248
Forms	223
OneDrive	190
Word Online	190
Telefone	125
Mentimeter	82
Google Forms	77
Kahoot!	76
Excel Online	72
Sway	26
OneNote	9
Quizlet	9
Google Classroom	7

Da mesma forma, a tabela a seguir apresenta a ampliação das práticas dos professores para além das aulas expositivas durante esse período.

Práticas	Respostas
Aulas expositivas dialogadas	814
Encaminhamento de leituras	678
Apresentação de trabalhos	665
Trabalhos em grupo	651
Encaminhamento de vídeos	639
Fóruns	494
Aulas expositivas	470
Seminários/debates	412
Assessoramento de projetos	323
Palestras/entrevistas com convidados externos	304
Construções em documentos compartilhados	291
Pesquisa	256
Atividades laboratoriais ao vivo	139
Atividades laboratoriais gravadas	92
Projetos construídos em colaboração em outras atividades acadêmicas	90
Montagem de instrumento de pesquisa	52
Tours virtuais	50
Atividades extensionistas	41
Parcerias com outras instituições	30
Projetos construídos em colaboração com outros cursos	17
Olimpíadas	5

Essas mudanças devem ser aplicadas no dia a dia dos professores, ampliando, assim, as possibilidades de interação e de engajamento dos estudantes.

Fazer diferente é viver

Quando paramos, quando não aprendemos, quando não abrimos nosso pensamento para novas possibilidades, estamos intelectualmente inertes. As certezas nos imobilizam e afastam a possibilidade de pensar o diferente e de entender o mundo com diferentes lentes. Questionar as nossas certezas é um dos caminhos para aprendermos. Parece-nos que este sentimento está presente na maioria dos professores: a vontade de surpreender, de fazer diferente, de inovar. Mesmo antes da pandemia, já buscávamos construir atividades que ajudassem os estudantes a desenvolverem suas competências relacionadas com a disciplina em questão, mas que também favorecessem o seu processo de engajamento. Assim, promovemos jogos, atividades em grupo e brincadeiras que, ao final da aula, permitissem a todos compreender o que aprenderam, coletivamente. Esse processo foi sempre inspirado por muitos colegas. Um exemplo é o Bruno Bittencourt, um professor que nunca repete uma aula, sempre adapta ao grupo o que vai discutir e – mais importante – escuta os alunos. Ou, ainda, autores de renome, como Alice Kolb, que o Gustavo teve o prazer de conhecer virtualmente e conversar inúmeras vezes. Ela nos inspirou a entender melhor o conceito de *conversational learning*, base para boa parte do que estamos propondo aqui.

Com a chegada da pandemia da covid-19, o que antes era algo que fazíamos de uma maneira mais livre teve de se tornar a essência da nossa atividade. No nosso caso, fomos, os dois, para a sala de aula juntos, dividimos o ambiente virtual e começamos a produzir atividades com os alunos, buscando o seu engajamento. Encaramos cada aula como um projeto. Projetamos cada momento, respeitando cada estudante e dando voz a todos. As conversas produzidas a partir das dinâmicas promoveram a aprendizagem tanto dos alunos quanto de nós, professores.

Nos capítulos seguintes, contaremos um pouco sobre essa concepção, que está na essência do que somos como educadores: somos projetistas. Projetamos cada momento, cada atividade, não para os alunos, mas com os alunos. Entendemos que a aula tem diferentes momentos e que diversas tecnologias, metodologias e dinâmicas podem ser utilizadas. Contudo, a aula é um todo sistêmico, integrado, conectado, que se transforma a cada fala. Ela cria direções, novos caminhos, novas interpretações, novos conhecimentos. Assim, projetar não significa planejar tudo e apenas aplicar, mas sim promover a construção coletiva do encontro. É preciso abrir os espaços, atuando como educador, como articulador, como mediador, e tecer essa costura com os alunos e com os convidados, tendo o conteúdo e as competências da atividade como mobilizadores desse processo.

Precisamos, no nosso contexto, desenvolver uma interação positiva entre currículo, estruturas física e virtual, pedagogia e professores e alunos. Essa construção é o caminho para gerar aprendizagem e novos conhecimentos. No entanto, para isso, precisamos engajar os alunos (e nós mesmos). Recentemente, duas referências internacionais em educação, Andy Hargreaves e Dennis Shirley, lançaram um livro chamado *Cinco caminhos para o engajamento*. Nele, os autores apresentam alguns elementos que podem nos ajudar no processo de engajar os estudantes:

- **Valor intrínseco** (encantamento com uma atividade).
- **Importância** (significado social e pessoal e o propósito das atividades).
- **Associação** (aprender cooperativamente, senso de pertencimento).
- **Empoderamento** (confiança para desenvolver habilidades para o futuro).
- **Maestria** (busca por excelência e alto desempenho).

Entre todas as questões apresentadas pelos dois autores, destacamos aqui que o engajamento não se desenvolve sem um senso de pertencimento. E, para pertencer, eu preciso me enxergar no grupo. Além do pertencimento, há o fato de que precisamos ter o diferente para aprender – e para criar – o novo. Isso nos levou a escolher um caminho que tem sido bastante discutido nacional e internacionalmente como fundamental para uma educação democrática: a compreensão de que precisamos de diversidade, equidade e inclusão. Sem esses três elementos conectados e desenvolvidos nos espaços em que atuamos, temos limites impostos pelo grupo, pelo currículo, pelo espaço e pelos nossos modelos mentais (HARGREAVES; SHIRLEY, 2022).

Não se trata, portanto, de entendermos diversidade, equidade e inclusão como (apenas) dimensões desejáveis pela perspectiva humanista (embora estejamos convictos de que esta deveria ser nossa perspectiva primordial, sempre). Trata-se de compreendermos que qualquer esforço de inovação em sala de aula, de produção de novos significados e de desenvolvimento de competências será insuficiente e inadequado se não levar em consideração a maior riqueza dentro de nossas quatro paredes (ou dos quatro cantos de nossa tela do Zoom): a diversidade humana.

Quando projetamos, precisamos desafiar a segregação, o silenciamento, a desigualdade, o aplainamento das diferenças. Precisamos de ferramentas abertas, que não valorizem um único perfil de pessoa ou, ainda, que se baseiem em um arquétipo desenvolvido em culturas diferentes das nossas. Precisamos nos enxergar como grupo e construir possibilidades coletivas.

Nas próximas páginas, desenvolvemos, a cada capítulo, um tema que consideramos essencial para projetarmos nossa experiência educacional de forma inovadora, rica em estímulos e ganhos coletivos, democrática e inclusiva. Começaremos pelo que nos parece mais fundamental nessa jornada: a compreensão do nosso papel e das competências de transformação como projetistas.

1
Somos todos projetistas

Herbert Simon (1996), em sua obra seminal *As ciências do artificial*, propôs uma ciência que se dedica a "como as coisas podem ser", em oposição a como as ciências naturais se dedicavam a estudar "como as coisas são". Essa nova ciência, de caráter propositivo, encontrou diversas formulações teóricas desde então, com ênfases variadas. O que todas carregam em comum é o caráter inventivo, criativo, projetual – acrescentar ao mundo algo que não havia antes. Estamos falando, aqui, do *design*. Lockwood (2010) pontua que tudo o que é feito pelo ser humano seria *design*, o que é corroborado por Manzini (2018) ao propor que, talvez, sejamos todos *designers*. Afinal, para Manzini (2018, documento *on-line*), "[...] um projeto é uma sequência de conversas e ações sobre o mundo, cujo objetivo é aproximá-lo do que se deseja que seja". O *designer* seria "[...] qualquer sujeito, individual ou coletivo, que intervém no mundo de maneira consciente. Isto é, ciente das próprias intenções e do campo de possibilidades de que dispõe" (MANZINI, 2018, documento *on-line*).

Neste livro, adotamos o termo projetista como análogo ao termo *designer*, e é nele que concentramos nossa atenção neste capítulo. E, sim, estamos falando de você. Assim como Manzini, Lockwood e uma miríade de autores e profissionais, acreditamos que todo ser humano não apenas é capaz de projetar, como projeta naturalmente em seu cotidiano – ainda que não se dê conta disso. Isso não significa que não possamos evoluir nessa projetação

– podemos e devemos. Ao ganharmos consciência do que a projetação envolve – seus processos, práticas, ética e impactos na sociedade –, tornamo-nos projetistas melhores.

Projetar é uma das principais competências de que precisamos como professores, ainda mais em um ambiente que se ressignifica e se transforma, como a sala de aula. Se pensarmos na perspectiva de currículo em ação, na realização prática do que está proposto em documentos construídos com o objetivo de gerar aprendizagem, faz-se necessário projetar. Ou seja, na realidade, a educação não se faz valer da projetação, apenas. Ela é a projetação. Projetamos para realizar – considerando o contexto, as pessoas e as diferentes variáveis que impactam esse processo, incluindo aqui o custo, o tempo e o espaço.

Embora projetar seja fundamental, essa é uma competência que não está no dia a dia da nossa formação de professores. Por isso, precisamos encontrar caminhos para desenvolvê-la. Como podemos aprender a projetar?

O projeto, como um conjunto de intenções, planos e quereres, é uma promessa. Já a projetação é a forma, na prática, como trazemos essa promessa para a realidade e a moldamos e remoldamos continuamente. Dessa forma, precisamos identificar ferramentas que nos ajudem a responder a perguntas que começam com: "como...?". Como posso gerar engajamento? Como seria possível implementar este currículo na prática? Como posso incluir determinados grupos de alunos?

A partir da compreensão de que educação implica projetação, precisamos de ferramentas que nos ajudem e que promovam, entre nós e entre os estudantes, aquilo que define a qualidade do que podemos construir em termos educacionais: o engajamento. Quando todos estamos engajados, desenvolvemos novas possibilidades, nos conectamos a nós mesmos e aos outros e produzimos conhecimento, gerando aprendizado.

Embora a projetação para a educação implique repensarmos e inventarmos práticas, métodos e sistemas, produzindo significados para todas as camadas da experiência educacional, focaremos, aqui, na realidade do professor.

A partir do ponto de vista docente, podemos pensar em vários processos projetuais que transformam a sua prática. A seguir, confira alguns exemplos:

- Como gerar engajamento em minha aula remota ou presencial?
- Como desenvolver determinada competência nos alunos?

- Como promover o diálogo?
- Como repensar meu lugar na sala de aula?
- Como gerar uma experiência de aprendizagem significativa?
- Como repensar a sala de aula?

Essas e muitas outras questões e inquietações nos acompanham o tempo todo quando somos professores. Neste capítulo, exploraremos uma dessas questões para nos ajudar a compreender como podemos desenvolver competências projetuais na prática.

Como projetistas, precisamos entender como o processo projetual funciona e propor ferramentas adequadas a cada fase desse processo. Podemos entendê-lo a partir de dois grandes arcos (ou fases) de ação e reflexão: o espaço da estratégia e o espaço da solução. A Figura 1.1 apresenta um modelo bastante conhecido, chamado de duplo diamante (*double diamond*),[2] para ilustrar esses dois arcos e nos ajudar a compreender como cada etapa faz sentido em nossas empreitadas inventivas.

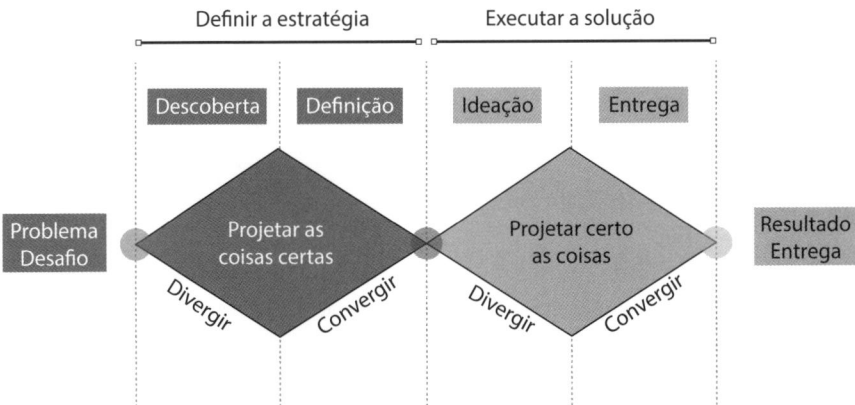

Figura 1.1 Modelo duplo diamante.
Fonte: Ball (2019, documento *on-line*).

---

[2] O *double diamond* foi proposto em 2004 pelo Design Council e teve ampla adoção mundial desde então.

No espaço da estratégia, compreendemos profundamente as problemáticas que envolvem a situação para a qual pretendemos projetar. Ali, pesquisamos, analisamos, conectamos e produzimos *insights*. Não à toa, termos como "descobrir" e "definir" identificam essa fase: não nos apressamos em desenhar soluções, dedicando tempo a refletir e a especular múltiplas possibilidades.

Na segunda fase, a da solução, trabalha-se a materialização do que foi concebido na fase da estratégia. Nesse momento, definimos formas e detalhes e provemos infraestrutura para que a proposta que imaginamos funcione.

Para o que estamos apresentando aqui, propomos ferramentas para a articulação entre a primeira fase, na etapa de definição, e para a segunda fase, na etapa de desenvolvimento. Esperamos que você possa utilizar esse exemplo como um potencial caminho para construir outras possibilidades, para além da sala de aula.

COMO POSSO REPENSAR A SALA DE AULA?

Ao longo dos 2 anos de isolamento social mais intenso, todo professor sentiu-se pressionado a reinventar a sala de aula, repensando o espaço, os materiais, as atividades, as temporalidades, os atores. Essa situação nada trazia de confortável: fomos obrigados, pelas circunstâncias, a abandonar nosso círculo de certeza e conforto sobre o que sabíamos que daria certo em sala de aula.

Hoje, em outra situação, aproveitamos essa experiência para propor uma provocação a você: repense os modelos de sala de aula com os quais trabalha. Afinal, por que motivo deveríamos evitar a reprojetação da sala de aula? Sabemos, pelas páginas de introdução deste livro, que nosso mundo mudou – por questões pandêmicas e outras questões conjunturais. Assim, não mudar seria um risco – precisamos ler a situação atentamente para que possamos criar formatos e experiências educacionais.

O exercício que apresentamos traz um conjunto de ferramentas conectadas, projetadas para promover o diálogo sobre as possibilidades inauguradas em diferentes salas de aula. Remotas, presenciais, síncronas, assíncronas, tradicionais, inusitadas. Pensar a sala de aula vai muito além do espaço físico (mas também o compreende). Esse pensamento envolve reprojetar como as relações acontecem nesse espaço. Relações entre pessoas, entre pessoas e objetos e – por que não – entre objetos.

Ao projetar, pensamos de forma sistêmica, conectada, em rede. Imaginamos não apenas as quatro paredes, mas sim todo o conjunto de pessoas, objetos e tecnologias que são envolvidos em uma dada temporalidade. Repensar a sala de aula envolve questionar, continuamente, que espaço, que temporalidade e que arranjos seriam ideais para o desenvolvimento de competências em um dado grupo de estudantes. E é desse questionamento e da prática constante do "...e se?" que nasce o nosso percurso projetual.

ESTUDO DE CASO: REINVENTANDO A SALA DE AULA DE UMA UNIVERSIDADE

O exercício que propomos, ao final deste capítulo, nasceu de um *workshop* inspirado pelo Gustavo e elaborado e conduzido pela Melissa para uma universidade comunitária do sul do Brasil. Nele, dezenas de professores universitários foram convidados a percursos de exploração e descoberta de novas possibilidades para salas de aula de disciplinas que lhes eram familiares. Mas como reinventar algo que já é automático em nossas vidas? Como evitar que adotemos os mesmos caminhos confortáveis e convenientes que – embora já tenham sido inovadores a seu tempo – hoje não propiciam o mesmo aprendizado e crescimento coletivo?

Nosso primeiro passo foi escolher quem embarcaria conosco nesse *workshop*. Olha, não foi fácil. Nosso primeiro critério foi convidar profissionais que, na época, estivessem lecionando – ao contrário de profissionais que estivessem, ainda que temporariamente, exclusivamente em funções de pesquisa ou administrativas. Era importante, naquele momento, acionar pessoas que estivessem envolvidas e mobilizadas pela realidade da sala de aula, que tivessem não apenas o assunto em mente, mas também memórias frescas de experiências e muitas inquietações sobre como uma sala diferente poderia emergir. Agrupamos os docentes em equipes de 4 a 6 integrantes, organizados por áreas de concentração. Nesse caso, humanidades, indústria criativa, politécnica, saúde e direito. Essa decisão visou a adequar a projetação às necessidades específicas dos cursos envolvidos.

No nosso estudo de caso, realizamos uma pesquisa prévia sobre arranjos espaciais e tecnológicos emergentes para salas de aula e enviamos para os professores participantes um documento que consolidava essa pesquisa e propunha provocações criativas. Também abrimos um formulário *on-line*, colaborativo, em que cada um deles poderia compartilhar as suas próprias referências, ampliando o conjunto de insumos para a atividade projetual.

Ao propormos essa organização por área de concentração, não tínhamos certeza do resultado – havia a possibilidade de as equipes criarem salas iguais entre si. Era um risco que deveríamos correr. Quando adotamos uma abordagem inovadora a partir da perspectiva projetual, ou seja, a partir do *design*, precisamos renunciar à certeza para conseguirmos desenhar caminhos diferentes e enxergar novas possibilidades.

Nosso primeiro movimento no *workshop* foi pedir aos professores que, individualmente e a partir de uma série de elementos, espaços, tecnologias e atores, reinventassem a sala de aula para uma das disciplinas que lecionavam. Esse movimento foi diferente de, por exemplo, darmos uma folha em branco para que reinventassem a experiência. Nós trouxemos provocações e repertório a partir do que a universidade oferecia – ou poderia oferecer. Afinal, uma aula é – ou pode ser – feita do quê, e por quem?

Nosso segundo movimento reuniu docentes de cada uma das áreas para, juntos, projetarem uma ou mais salas de aula inovadoras, tendo como base um desenho simples de uma planta baixa de salas-padrão da universidade. Os resultados foram tão diversos quanto surpreendentes, envolvendo novos arranjos de mobiliário, tecnologias da informação e comunicação, inteligência artificial e salas de aula itinerantes, entre outras propostas.

O grande achado do *workshop* não se resumiu às propostas de novos arranjos, mas à reafirmação de que o que nos permite projetar um espaço físico ou digital inovador voltado à educação é, justamente, a atenção cuidadosa aos componentes relacionais, às pessoas, à qualidade das interações.

Nos próximos parágrafos, percorremos os passos (Figura 1.2), os artefatos e a lógica do exercício projetual realizado, para que você compreenda o que é mais importante ao realizar um *workshop* projetual. Vamos lá?

1. Selecionar pessoas
2. Referência e inspiração
3. Criar o projeto em um canvas
4. Analisar o desfecho

Figura 1.2 Processo projetual: reinvenção da sala de aula.

1. Selecionar pessoas: para uma grande viagem, uma grande tripulação

Escolher as pessoas mais adequadas para uma atividade projetual não é uma ciência exata. Não existe o certo absoluto, tampouco o errado. Há, contudo, aquilo que tenha maior ou menor aderência aos nossos objetivos. É possível que, em alguns contextos, você possa convocar todas as pessoas que desejar. Em outros, entretanto, você terá de fazer escolhas, quer seja pela disponibilidade de tempo, quer seja por outros recursos.

Se desejar, você pode realizar a atividade projetual de forma individual. Ela terá valor e será um exercício importante para o seu desenvolvimento. Contudo, sugerimos fortemente que você convide mais pessoas para colaboração. Mais pessoas significam outras visões e outras bagagens de vida, o que tende a resultar em maior riqueza de perspectivas.

Na nossa experiência, quatro fatores são imprescindíveis para escolher as pessoas mais adequadas para uma dinâmica: representatividade, diversidade, criatividade e liberdade. Precisamos de pessoas que sejam envolvidas e representativas do assunto ao redor do qual a nossa dinâmica projetual se desenvolve. Também devemos contemplar a diversidade e a inclusão nessa escolha, evitando selecionar um corpo demasiadamente homogêneo (e privilegiado) de participantes. Precisamos, da mesma forma, de pessoas que tenham a mente aberta a novas possibilidades e ideias diferentes – pois é do pensar "...e se?" que o projeto ganha impulso. Por fim, devemos garantir a liberdade de expressão dos participantes, evitando incluir pessoas em cargos de chefia direta ou com grandes desníveis hierárquicos.

Essa preocupação com a escolha de pessoas pode soar excessiva. Afinal, vemos diariamente o quanto ferramentas de inovação prometem garantir o sucesso de iniciativas. Contudo, pessoas não são um detalhe, e sim as principais protagonistas desse esforço rumo a novos formatos e propostas. Nenhuma ferramenta substitui seres humanos engajados, criativos e motivados em uma projetação.

2. Repertório, inspiração, criatividade: novos aprendizados e novas invenções nascem de novas referências

Você já deve ter notado, ao ler os portais de notícias nos últimos anos, que a criatividade – condição essencial para a inovação – é uma das características mais valorizadas de nosso tempo. Celebramos artistas, escritores, influenciadores, empreendedores e visionários que propõem transformações disruptivas à nossa realidade. Quando criamos, nos sentimos vivos, seres conectados ao mundo em que vivemos. Dada a valorização da criação no nosso cotidiano, seria sensato deduzir que sejamos continuamente incentivados a criar. A criação de algo, portanto, deveria ser encorajada em todos os âmbitos da atividade humana.

Mas não é tão fácil assim. Criar pode ser difícil, pois nossa vida – em especial a vida na educação – é moldada para que nos enquadremos em caixinhas. Ken Robinson (2011) nos provoca a entender como os sistemas de educação foram idealizados a partir de uma lógica que não privilegia a diversidade. Pelo contrário, essa lógica tenta padronizar processos e ignora o elemento humano e sua riqueza:

> Os sistemas de massa na educação pública foram desenvolvidos principalmente para atender às necessidades da Revolução Industrial e, em muitos aspectos, eles refletem os princípios da produção industrial. Eles enfatizam linearidade, conformidade e padronização. Uma das razões pelas quais eles não estão funcionando agora é que a vida real é orgânica, adaptável e diversificada (ROBINSON, 2011, p. 8, tradução nossa).

Em outros termos, nosso padrão não é apenas repetir padrões, mas sim reproduzir padrões, mesmo que acreditemos estar inovando. É necessário romper com a inércia do padrão e nos deixar contaminar pela riqueza diversa que o mundo nos traz.

Ken Robinson (2013), em uma de suas TED Talks,[3] provoca-nos a imaginar três princípios a partir dos quais a vida floresce: enxergar seres humanos como naturalmente diferentes e diversos, entender a curiosidade como o elemento de ignição do aprendizado e, por fim, lembrar que a vida humana é inerentemente criativa.

Pensar criativamente e fomentar a criatividade, portanto, não seriam apenas posturas desejáveis de profissionais da educação, e sim as atividades centrais de sua prática.

Então, como podemos fomentar a criatividade? Um primeiro e necessário passo é ampliar as nossas referências, tanto na leitura de obras e produções existentes quanto na observação atenta do mundo que nos cerca.

É muito provável que, em alguma ida recente a uma livraria, você tenha se deparado com o livro *Roube como um artista*, de Austin Kleon (2013). O título entrega a mensagem com precisão: a criatividade requer roubo – mas um roubo "do bem". Kleon (2013) argumenta que não há criação completamente original nessa vida. Todo ser humano que inventa algo, o faz a partir de experiências, leituras e referências anteriores. Você pode comprovar isso com facilidade pesquisando, na página da Wikipédia de seu artista favorito, as referências que o inspiraram a criar. O "bom roubo", como Kleon (2013) o chama, é honrar as suas referências, assumindo a inspiração e acrescentando algo seu, algo novo. Essa é a sua contribuição para o ciclo infinito de criações da história humana, pois alguém se inspirará nas suas criações e as levará adiante, acrescentando o seu próprio DNA.

Em resumo, o que Kleon (2013) pontua é que somos tão bons quanto a riqueza e a diversidade de nossas referências. Tina Seelig (2017) corrobora esse pensamento ao dizer que nosso potencial criativo depende muito de nosso conhecimento – não apenas daquilo que pesquisamos, mas da atenção que empreendemos ao observar o mundo que nos rodeia, em especial as pessoas.

---

[3] É muito possível que você já tenha visto essa fala famosa de Sir Ken Robinson; se não, deixamos o convite para assisti-la e deixar-se levar pelas provocações do autor.

O pensamento projetual e criativo, portanto, requer que nos dediquemos a construir um repertório continuamente. Apesar do mito criativo de que a fagulha da invenção nasce em momentos mágicos, a prática e a ciência apontam que a criatividade está fortemente relacionada com um repertório rico e diversificado. É do acionamento desse repertório que nosso pensamento se vale de elementos, significados e enquadramentos diferentes, gerando novos emaranhados de conexões, que, por sua vez, produzem experiências inovadoras e transformadoras.

Para repensar a sala de aula, é necessário resgatar referências sobre o que é esse espaço físico e simbólico, assim como aquilo que poderá ser. Portanto, realizar uma pesquisa prévia e compartilhá-la com os participantes pode provocá-los a ampliarem as suas referências costumeiras, o que potencializará o potencial criativo da sessão. Como ponto de partida, você pode pesquisar referências sobre tendências em educação, bem como sobre inovação na projetação e usos do ambiente de sala de aula (INSTITUTO PARA INOVAÇÃO EM EDUCAÇÃO, 2022).[4]

3. Canvas: guia e provocação

A criação de um canvas – ou um painel – que oriente os passos a serem seguidos pode ajudar a trazer consistência para a projetação. Embora esse não seja o único método possível em sessões projetuais, ele tem-se mostrado bastante eficaz ao prover segurança e estruturação para a participação de pessoas sem formação específica em *design*.

Quando nos propusemos a repensar a sala de aula, criamos um canvas (Figura 1.3) que provocava os participantes a aguçarem a sua atenção para múltiplas variáveis: onde estará o professor? E os estudantes? Haverá mais alguém com eles? Quais tecnologias serão utilizadas, do *software* ao *hardware*, da mídia social às plataformas instrucionais? Qual é a temporalidade dessa aula, síncrona ou assíncrona? Ela ocorre em uma sessão ou mais? Quais espaços físicos – ou digitais – serão utilizados?

Para cada uma dessas perguntas-provocações, uma grande quantidade de cartas foi elaborada, trazendo opções que não apareceriam naturalmente na mente do participante. Além das cartas prontas, o participante pôde adicionar novas possibilidades (Figura 1.4).

---

[4] No *website* do Instituto para Inovação em Educação, abastecemos um *blog* com algumas referências que poderão ajudá-lo.

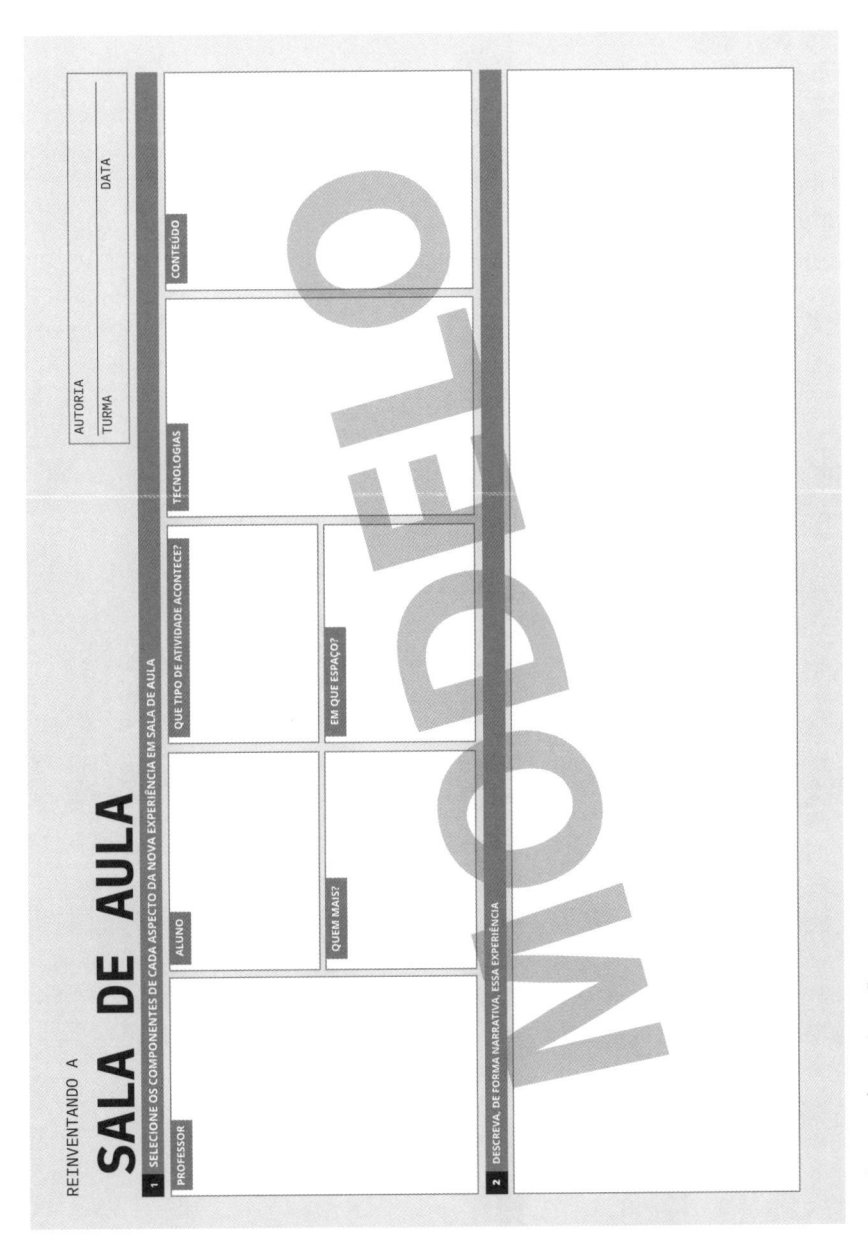

Figura 1.3 Canvas de projetação.

ATORES DOCENTES

Professor titular	Professor assistente	Tutor
Sem docentes	Assistente pedagógico	

ATORES DISCENTES

Alunos da turma	Alunos de outra turma	Alunos de outro curso

OUTROS ATORES

Amigos	Convidados	Familiares

EM QUE ESPAÇO A AULA ACONTECE?

No *campus*	Em sala de aula	Em um auditório
Em um laboratório	Na escola	No pátio
Em um estúdio	Em casa	Em empresas
Em um ginásio ou quadra de esporte	Na rua	Em um parque

QUE TIPO DE ATIVIDADE ACONTECE?

Aula expositiva dialogada	Seminário	Seminário com convidado(s)
Atividade projetual	Resolução de problemas	Hackathon
Workshop	Laboratório vivo	Laboratório experimental
Laboratório de informática	Laboratório virtual	Visita técnica
Campo de prática	Aula gravada	Rotação de estações
Produção artística		

TECNOLOGIAS E CONFIGURAÇÕES

Smartphones	*Laptops*	*Desktops*
Webcam	Múltiplas telas	Teleconferência
Realidade virtual	Realidade aumentada	Transmissão de aula simultânea
Estúdio de áudio	Estúdio de vídeo	Ilha de edição de áudio
Ilha de edição de vídeo	Estúdio fotográfico	Microsoft Teams/Zoom
Moodle	Canvas	Pacote Office
WhatsApp	Telegram	Mídias sociais
Quadro negro	Quadro branco	Flipchart

FORMATOS DE CONTEÚDO

Voz falada	Escrita no quadro	Vídeo ao vivo
Áudio ao vivo	Livros impressos	E-books
Apresentações em PDF	*Podcasts*	Vídeos gravados
Videoensaios	Arquivos de áudio	Jogos físicos
Jogos digitais	Insira aqui outra opção	

COMO É A EXPERIÊNCIA DE CADA ATOR?

Síncrona	Assíncrona	Individual
Em grupos de trabalho	Com a turma toda	Com outras turmas
Com outras universidades	Com outras escolas	Insira aqui outra opção

Figura 1.4 Cartas para recortar e usar no canvas da sala de aula.

A flexibilidade do modelo induz o participante a experimentar combinações diferentes: criamos uma sala de aula com quatro paredes ou tornamos o mundo nossa sala? Começamos e terminamos as aulas nos horários oficiais ou criamos múltiplos momentos – síncronos e assíncronos – adaptáveis às atividades e aos sujeitos, visando à autonomia do aluno?

Pode-se perceber que o canvas não é uma ferramenta mágica ou portadora de certezas. Ao contrário: um bom canvas suscita perguntas e propõe a desacomodação. Ele também conduz o participante a organizar os seus pensamentos por temas consistentes com os objetivos da sessão criativa.

A partir do canvas de provocação – e das múltiplas possibilidades que ele abre –, os participantes foram desafiados a reprojetarem experiências de salas de aula para disciplinas familiares a eles, sem se preocuparem com limites orçamentários. A decisão foi intencional: buscaram-se propositadamente criações parciais, situadas, focadas na experiência conectável com disciplinas específicas.

Sabemos o que você deve estar pensando: "por que eles solicitaram aos participantes que projetassem múltiplas salas de aula, quando deveriam debater para chegar a um consenso sobre uma só?". É quase instintivo buscarmos um meio-termo, uma solução neutra para essa nova sala de aula. Afinal, nas instituições em que trabalhamos, há múltiplas disciplinas, níveis de ensino e modalidades, de modo que é necessário chegarmos a uma solução única: uma sala de aula ideal, que dê conta de todas essas demandas, algo "padrão".

E é no padrão que nossos problemas começam. Ao aplainarmos a experiência de sala de aula a um modelo totalizante, perdemos a riqueza que a diversidade de atividades, técnicas e propostas inspira. E, já que estamos falando de trazer o pensar projetual para junto da educação, é um ótimo momento para ressaltar que, assim como todas as ações e processos em sala de aula influenciam a dinâmica e os desfechos dessa aula, assim também ocorre com o processo projetual. Quantidade, em pensamento projetual, pode levar à qualidade, pois permite múltiplas perspectivas sobre o mesmo objeto a ser criado – ou sobre o mesmo desafio a ser abordado. Em outros termos, nos afastamos da neutralidade para abraçar a pluralidade.

Outra questão importante a se considerar é a sugestão de que o participante deveria propor experiências sem levar, nesse momento, os custos em consideração. Essa estratégia não acontece por generosidade, mas para trazer o máximo de potencial criativo à ideação. É senso comum entre *designers* que é mais fácil adaptar uma ideia um tanto fantasiosa e encontrar uma correspondente viável do que implementar uma ideia acanhada ou previsível demais. No caso dessa sessão criativa, buscamos extrair o máximo do potencial criativo dos participantes, deixando as decisões técnicas e orçamentárias para momentos posteriores.

4. Análise do desfecho: o fim é o começo

Após uma jornada projetual intensa como a que descrevemos, nos sentimos no final de uma maratona, desacelerando, certos de que cruzar a linha de chegada foi o movimento derradeiro antes de comemorar. Ali, contudo, é onde boa parte do trabalho começa.

O fim do processo de exploração e ideação que aqui descrevemos é o início de uma nova jornada de prototipação, mais focada, em que descobriremos que tipos de salas de aula construiremos e definiremos, de forma mais aprofundada, as suas características. As dezenas de canvas preenchidos não são fins em si mesmas: elas devem ser analisadas e processadas para a geração de *insights*. Esses *insights* abastecem o time de projetistas de arquitetura, *design*, engenharia e tecnologias digitais para o detalhamento das diversas concepções.

Resumimos esse percurso na Figura 1.5, para que você identifique as fases e as ações a serem realizadas.

Retomando a reflexão do início deste capítulo, a educação é o que é pela projetação. Projetar é essencial para realizar as transformações que desejamos, sempre levando em consideração o contexto, as pessoas e as diferentes variáveis que impactam esse processo.

Nos próximos capítulos, vamos explorar outros elementos que impactam o processo de projetação, sempre com o objetivo de promover engajamento e aprendizagem. Em virtude disso, trazemos para o debate a importância do currículo, dos educadores e do desenvolvimento de espaços seguros para a construção do conhecimento considerando diversidade, equidade e inclusão. Iniciaremos pelos propulsores do processo de mudança: os professores.

Percurso do workshop para reinvenção da experiência de sala de aula

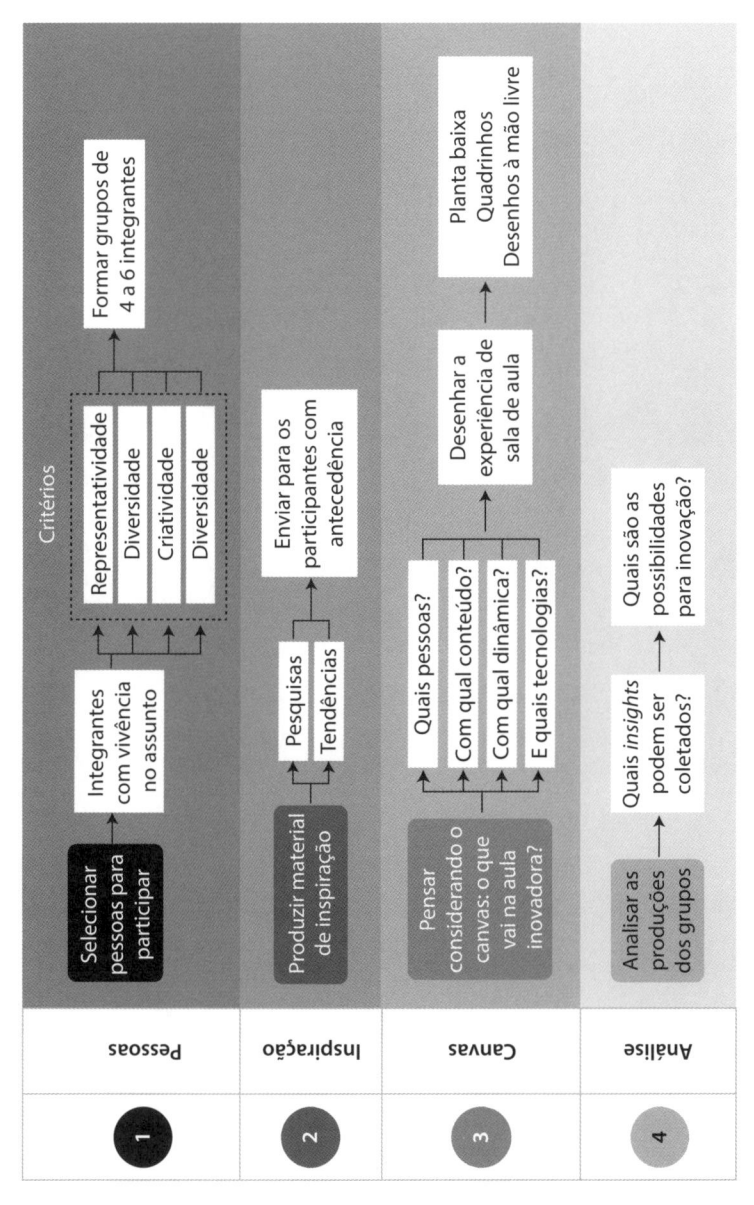

1. Pessoas — Selecionar pessoas para participar
- Integrantes com vivência no assunto
- Critérios:
  - Representatividade
  - Diversidade
  - Criatividade
  - Diversidade
- Formar grupos de 4 a 6 integrantes

2. Inspiração — Produzir material de inspiração
- Pesquisas
- Tendências
- Enviar para os participantes com antecedência

3. Canvas — Pensar considerando o canvas: o que vai na aula inovadora?
- Quais pessoas?
- Com qual conteúdo?
- Com qual dinâmica?
- E quais tecnologias?
- Desenhar a experiência de sala de aula
  - Planta baixa
  - Quadrinhos
  - Desenhos à mão livre

4. Análise — Analisar as produções dos grupos
- Quais *insights* podem ser coletados?
- Quais são as possibilidades para inovação?

Figura 1.5 Percurso do *workshop* para reinvenção da experiência de sala de aula.

2
Professores

Nossa identidade se transforma. Algum tempo atrás, ser professor era algo muito bem definido. Nosso objetivo, além do cuidado, era entregar conteúdo e ajudar nossos alunos em seu processo de aprendizagem. O conteúdo, em grande parte, estava consolidado em currículos predefinidos e em livros-texto que seguem até hoje apoiando o processo de ensino e aprendizagem, especialmente na educação básica.

Ao longo dos anos, especialmente impactada pela revolução tecnológica digital, essa construção social que definia o professor como o detentor do conhecimento – e alguém que o repassa para seus alunos – foi se transformando. É, sem dúvida, uma premissa que, como docentes, tenhamos competência para ensinar o conteúdo de nossa disciplina, atividade acadêmica ou componente curricular. Entretanto, vivemos tempos diferentes. O conteúdo que lecionamos está disponível em diferentes espaços e com um acesso cada vez mais amplo por parte dos alunos e seus familiares. Dessa forma, para compreender um conceito básico de álgebra, o aluno tem acesso, além de por meio do professor e dos livros, a canais digitais com vídeos, animações, textos e uma série de possibilidades que se adaptam ainda mais facilmente às suas preferências em termos de consumo de conteúdo, experiência e aprendizagem.

Embora habitem mundos organizacionais diferentes, é possível entender que o educador compete com essa oferta dos canais digitais pela atenção do aluno. Ou, ainda, a forma de ensinar do docente é comparada, pelo aluno, com o desempenho de *youtubers* e demais criadores de conteúdo digital, em termos de acessibilidade e capacidade de produzir engajamento. Dessa forma, o professor acaba dividindo o espaço de detentor do conhecimento na mente do aluno com outros atores da realidade.

Ao rebobinarmos o filme de nossa história e voltarmos ao tempo em que éramos mais jovens, isso seria impensável. A professora era nosso oráculo do conhecimento. Sem ela, nosso acesso às informações que explicavam o mundo era restrito à nossa família, a alguns poucos livros, a revistas e jornais e a amigos.

Hoje, isso mudou. Essa transformação aconteceu em grande intensidade a partir da revolução digital. Perceba, contudo, a controvérsia que embala essa questão: embora, hoje, o acesso à informação seja mais amplo do que jamais foi, a compreensão do novo conhecimento não é tão simples assim. O acesso ilimitado incentiva, muitas vezes, uma busca frenética por novidades, por diferentes formas de compreender algo. Esse processo acelerado, frenético, pode nos fazer ignorar algo fundamental para o processo de construção da aprendizagem: nosso poder de reflexão e de análise. Assim, faz-se necessário desacelerar para compreender, refletir, sintetizar.

A complexidade imposta pelo acesso, portanto, é quase paradoxal: quanto mais acesso temos, mais dificuldade enfrentamos em compreender as possibilidades daquele conteúdo ou conhecimento. A grande quantidade de conteúdo disponível torna-se, também, um empecilho à compreensão. Como saber quais conteúdos têm consistência ou são adequados para cada momento do aprendizado? É nesse contexto que o professor emerge não apenas como referência em conteúdos, mas como alguém que habilita espaços e desenvolve capacidades para que o estudante navegue e explore a miríade de fontes e estímulos a que tem acesso. Embora o docente não seja mais o único caminho para o conhecimento, ele é um guia – ou um mapa – poderoso para percorrer fontes e produzir conhecimento. Em vez de competir com criadores de conteúdo digital, ele utiliza os conteúdos destes para compor uma curadoria cuidadosa em seu percurso e desenvolver, no estudante, capacidades críticas e reflexivas sobre o que consome.

Sandeen e Hutchinson (2010) identificam um conjunto de dicotomias que ilustram a mudança de paradigma para os próximos anos na educação (Tabela 2.1).

Tabela 2.1 Dicotomias que ilustram a mudança de paradigma para os próximos anos na educação

Novas habilidades e capacidades	Visão convencional estabelecida
Síntese	Análise
Flexibilidade	Papéis rigidamente definidos
Transdisciplinaridade	Foco no organograma
Abertura	Protecionismo
Risco (é normal falhar)	Cuidado (é ruim falhar)
Caos e ambiguidade	Previsibilidade
Reconhecimento de padrões	Teorias para provar
Saltos	Passos incrementais
Diversidade	Homogeneidade
Disrupção	Rotina
Preparação	Preparação

Fonte: Adaptada de Sandeen e Hutchinson (2010).

É nesse contexto que nosso papel como professores se transformou. Na realidade, ampliou-se. Costumamos dizer que, mesmo que tudo vire digital e virtual, o professor sempre estará nos espaços de ensino e aprendizagem. Isso porque, à medida que avançamos em termos tecnológicos, o papel dos docentes amplia-se para novas funções e novas competências, que podem ajudar na promoção de engajamento e aprendizado.

Falamos, portanto, de um deslocamento: de detentor a articulador, de guardião a polinizador, de aferidor a arquiteto de experiências. Essa mudança não só altera a direção e o sentido das relações e do fluxo de conteúdo, mas articula-os em rede, permitindo que fluam de formas mais sinuosas, ramificadas e inesperadas.

MAS QUAL É O PAPEL DO PROFESSOR?

Ainda temos, sem dúvida, um papel fundamental – continuamos sendo os detentores de parte do conhecimento que deve girar nos espaços de interação com os alunos para promover a aprendizagem –, embora saibamos que estamos longe de ser os detentores do conhecimento a que o aluno tem acesso. Como vimos anteriormente, temos muitas competências fundamentais em uma era de distração e acesso, em que o que é abordado em sala de aula é interpretado e contestado pelo conteúdo socialmente validado que o aluno e sua família recebem por comunicadores instantâneos, como WhatsApp e Telegram. Existem muitas pesquisas sobre esse tema, e, particularmente, desenvolvemos em 2018 uma pesquisa com jovens da geração Z para entender – entre outras coisas – como eles percebiam os professores. Além disso, a partir da nossa interação cotidiana com diretores, educadores e alunos dos ensinos fundamental e superior, percebemos algumas facetas complementares que fazem parte de nossa ação como professores. Ou, ainda, talvez não tão complementares, e sim dimensões diferentes de um papel que está longe de ser monolítico.

Harden e Crosby (2000) percorrem o papel do professor como provedor de informação, como um modelo a ser seguido, um facilitador, um assessor, um planejador e um desenvolvedor de recursos. Stojiljković, Djigić e Zlatković (2012) apresentam, a partir da pesquisa de Ivić, Pesikan e Antić (2001), seis categorias de papéis do professor que corroboram alguns dos pontos apresentados anteriormente, mas avançam especialmente na perspectiva da empatia e da interação emocional. Para os autores, é importante considerar além da visão clássica do professor como aquele que entrega conteúdo para os estudantes, seu papel motivacional, seu papel como avaliador, sua responsabilidade de construção de um diagnóstico cognitivo, a importância de promover a regulação de relações sociais na sala de aula e, por fim, seu papel como parceiro em um processo de interação emocional.

Gostaríamos, aqui, de experimentar compreender os papéis do professor com maior contraste. Para isso, mudamos as lentes. Ao nosso viés sobre a educação, acrescentamos a perspectiva da inovação – em especial a que é orientada pelas capacidades do *design*. A partir delas – e de referenciais como as 10 faces da inovação, propostas por Kelley (2005) –, criamos um jogo de cartas para a exploração do papel de cada professor (Figura 2.1).

CURADOR	CRIADOR DE ESPAÇOS DE FALA	MAESTRO	TREINADOR	NAVEGADOR	ARTICULADOR
Ser um curador e chanceler da consistência de conteúdos apresentados dos alunos, assim como auxiliar os estudantes na validação e no desenvolvimento de pensamento crítico sobre conteúdos que eles mesmos pesquisam.	A partir da observação atenta das vozes e dos silêncios em sala de aula, criar espaços seguros e acolhedores para todas as vozes presentes, para que possam se manifestar por meio da fala – seja por voz, gestos, imagens ou palavras.	Condutor de uma orquestração dos ritmos e das vozes de uma sala de aula, abrindo espaço para a improvisação criativa e a colaboração. Esse maestro mantém, no horizonte, as metas pedagógicas da escola, mas também dos próprios alunos.	Desenvolver capacidades na turma a partir de ciclos de trabalho e aprendizado. Esse desenvolvimento acontece de forma coletiva na mobilização, mas situada na prescrição de atividades e no acompanhamento da evolução de cada aluno.	Auxiliar a turma a navegar ao longo de dilemas, questionamentos, controvérsias e demais temas da realidade, orientando sobre caminhos, alternativas, ganhos e perdas de cada decisão a ser tomada pelos alunos no percurso didático.	Conectar pessoas, forças, recursos e temas de modo a criar ecossistemas de aprendizado em sala de aula. O professor articulador potencializa as forças de cada turma, articulando o caminho para a realização de projetos com múltiplos atores.

CARTÓGRAFO	ARQUITETO DE EXPERIÊNCIAS	INFLUENCIADOR	POLINIZADOR	OPERADOR DA SÍNTESE	REMOVEDOR DE OBSTÁCULOS
Liderar e incentivar a produção de cartografias e mapas conceituais das temáticas percorridas em sala de aula. O professor, como cartógrafo, percebe contrastes, desníveis, diferenças, oportunidades, regiões temáticas e conexões e utiliza essa informação para a transformação.	Muito além do conteúdo: projetar experiências de aprendizagem em sala de aula e fora dela, com foco em como os alunos se sentirão e nos ganhos a serem obtidos por cada experiência. O foco do professor repousa sobre a emoção, o engajamento e a produção de significados.	Tornar-se um influenciador dos alunos em relação à adoção de hábitos e práticas saudáveis e fomentadores do aprendizado. O professor influenciador lidera pelo exemplo e pelo incentivo à curiosidade, podendo ocupar plataformas que vão além da sala de aula tradicional.	Buscar referências em campos de conhecimento diferentes daquele tratado em sala de aula, injetando frescor e riqueza de perspectivas. O professor polinizador provoca a turma com itens que não pertencem ao contexto para deslocar e ampliar suas visões de mundo, fomentando ideias inovadoras na turma.	O que resta, ao final de cada aula, dinâmica ou experiência? Aqui, o professor atua como operador da síntese, acompanhando e orientando os alunos a identificarem os aprendizados de cada empreitada.	Identificar obstáculos de toda sorte à aprendizagem – nos níveis individual e coletivo. As questões de equidade falam mais alto aqui, como o professor pode prover condições equânimes a todos os participantes de uma aula?

Figura 2.1 Cartas para recortar e usar como inspiração e reflexão.
Fonte: Com base em Kelley (2005).

Nessas cartas, propomos que o educador pode incorporar múltiplos papéis ao longo de sua carreira – ou de um dia de trabalho. Nos inspiramos nas dimensões propostas por Kelley (2005) para as faces da inovação[5] e as ampliamos e modificamos, tornando-as situadas na atividade letiva. Do conjunto original de proposições de Kelley (2005), tomamos emprestadas as potências polinizador cruzado, saltador de obstáculos e arquiteto de experiências. A elas, acrescentamos proposições nossas, como: curador, criador de espaços de fala, maestro, treinador, navegador, articulador, cartógrafo, influenciador e operador da síntese.

Nossa proposta, aqui, além de descrever cada um dos papéis, é sugerir que você utilize o jogo de cartas proposto para pensar na dimensão de sua ação como professor e tentar encontrar exemplos de como essa dimensão aparece em sua ação. Uma sugestão é realizar a atividade com um par, ou seja, com um colega de docência. Dessa forma, você poderá aprofundar o autoconhecimento e trocar ideias com pares, mudando os seus quadros de referência.

---

[5] As faces da inovação, de acordo com Kelley, seriam: o antropólogo, o experimentador, o polinizador cruzado, o saltador de obstáculos, o colaborador, o diretor, o arquiteto de experiências, o *designer* de set, o cuidador e o contador de histórias.

＃ 3
Currículo

Se compreendermos que o aprendizado se dá na interação entre professores e alunos e entre alunos e alunos, precisamos ainda de um elemento mobilizador para esse processo. Dewey (1916), por exemplo, no início do século XX, colocava como ponto central a importância do assunto e da experiência, pois a compreensão era de que, a partir da interação com o *subject matter* (o assunto), poderíamos desenvolver conhecimento e aprendizagem. Esse processo é mobilizado a partir de um componente fundamental para a construção dos sistemas de educação em todos os níveis: o currículo.

Quando falamos de currículo, exploramos aqui uma perspectiva menos cartesiana, uma perspectiva que compreende o currículo para além do conteúdo, incluindo os momentos de pausa, de brincadeira e de socialização. Um bom exemplo dessa perspectiva é o sistema finlandês, amplamente estudado e descrito com excelência pelo colega pesquisador Pasi Sahlberg em seus livros *Finnish lessons, Finnish lessons 2.0* e *Finnish lessons 3.0*.

Essa visão ampla se contrapõe ao que tradicionalmente entendemos como currículo – um plano bem-delineado que busca atender a objetivos de aprendizagem que, muitas vezes, podem ser descritos por meio de partes menores, definidas como disciplinas, em uma grade curricular. Se pensarmos no ensino superior, por exemplo, é bastante comum, quando falamos em currículo, buscarmos a grade de disciplinas para discutir as possibilidades de horário e de matrícula.

Nessa compreensão, cada atividade tem uma função, e a soma dessas partes isoladas é o que representa a totalidade curricular. Em um curso de graduação de 4 anos, por exemplo, com 300 horas semestrais, é provável que tenhamos 5 disciplinas por semestre, totalizando 40 disciplinas, que compõem o currículo, têm uma certa ordem e são necessárias para que o aluno conclua o curso. Nessa concepção, se obtivermos o ótimo em cada parte (disciplina), temos o ótimo global (curso). Entretanto, o processo de formação vai muito além disso.

Cabe destacar três questões fundamentais do currículo, que tornam o processo formativo ainda mais relevante:

1. **Para além da grade**: os semestres nos cursos superiores e os períodos anuais da escola fundamental devem ir bem além das disciplinas. Na maioria dos currículos, temos atividades complementares, trabalhos transversais, entre tantas outras práticas que tornam o currículo mais orgânico, menos isolado e com uma perspectiva mais sistêmica de compreensão e construção da realidade.

2. **As competências definem os caminhos**: um segundo elemento relevante é a compreensão de que os conhecimentos são uma parte da competência, e os currículos não podem ser normalizados a partir do conteúdo. Dessa forma, compreender como desenvolver determinadas competências, da compreensão e do uso da matemática até o autoconhecimento, é fundamental para a qualificação do currículo e da formação.

3. **Um justo balanço entre as competências para a vida e as competências técnicas**: a partir do momento em que compreendemos a importância de um currículo orientado por competências, faz-se necessário avançar na perspectiva de quais competências são estas e como elas impactam a vida dos alunos. As competências técnicas estão relacionadas com diretrizes predefinidas, que nos ajudam a balizar parâmetros mínimos em uma atividade. Já as competências socioemocionais preparam o estudante para a vida, de modo que são ainda mais relevantes e devem atravessar as atividades curriculares.

A partir desses três elementos, devemos construir uma compreensão sistêmica da interação entre as partes, pois o currículo real se dá nas interfaces. Essa interação ocorre na conexão entre matemática e português, no ensino médio, ou entre produção e *marketing*, em um curso de administração. Na vida real, é na interação entre áreas, ou entre saberes, que os problemas complexos aparecem, e, para lidar com essas situações, precisamos operar o nosso conhecimento para além das fronteiras específicas de uma disciplina.

Um exercício relevante para esse debate é a avaliação de como as diferentes competências para o século XXI podem ser trabalhadas na escola ou na universidade. Para facilitar esse processo, fornecemos a seguir 10 cartas que representam as competências que discutimos em nossa universidade (Figura 3.1), a partir de diferentes estudos sobre competências para o século XXI. Para cada uma delas, vale pensar se e como ela pode se encaixar na compreensão de currículo da sua instituição e quais são as formas de desenvolver esse tipo de competência. Considere, por exemplo, a competência de comunicação. Atividades de expressão verbal, de *feedback* sobre o formato e da qualidade da apresentação dos alunos – ou mesmo simulações de bancas – são caminhos para promover o espaço para o desenvolvimento desse tipo de competência. Mas esses são os únicos caminhos? E como trabalhar com competências como pensamento crítico? Esse é o exercício que cada um de nós deve fazer.

Ao final dos três primeiros capítulos, descobrimos como utilizar nossas capacidades projetuais para reinventar as práticas docentes. Além disso, aprendemos que o pensamento do *design* nos impulsiona a pensarmos diferente e a produzirmos inovação nos contextos de trabalho em que estamos envolvidos. Isso abrange um olhar diferente para o espaço que nos envolve, para o ecossistema de conteúdos e práticas envolvidos em um currículo e para nós mesmos, como agentes de transformação que podem assumir papéis diversos na produção da inovação. Nos próximos capítulos, seremos guiados pelas capacidades do *design* voltado à transformação social, explorando como podemos fomentar a diversidade, promover a equidade e praticar a inclusão em nossos espaços de aula.

FORMAÇÃO CULTURAL
Desenvolver a ética e o senso estético a partir da vivência cultural. Reconhecer e respeitar toda forma de cultura.

SENSO CRÍTICO-REFLEXIVO E RESOLUÇÃO DE PROBLEMAS
Analisar a ação e o comportamento humano em sociedade. Identificar problemas e propor soluções adequadas a cada cenário.

COMUNICAÇÃO
Comunicar-se por meio de diferentes linguagens. Aprimorar habilidades de expressão criativa.

RESPONSABILIDADE SOCIOAMBIENTAL
Desenvolver sensibilidade sobre assuntos relacionados com a sociedade e o ambiente dos quais fazemos parte, respeitando, valorizando e fortalecendo atitudes que tomam por princípio a formação humanística.

COLABORAÇÃO
Interagir de modo solidário. Participar da construção de soluções para problemas das comunidades.

PENSAMENTO PROJETUAL
Desenvolver pensamento projetual, mobilizando competências de diferentes áreas de conhecimentos, em uma perspectiva sistêmica e transdisciplinar por meio de processos imaginativos, criativos e inventivos, a fim de agregar valor à sociedade.

AUTONOMIA E AUTOGESTÃO DO CONHECIMENTO
Administrar seu processo de produção de conhecimento. Ter autonomia e estabelecer seus próprios objetivos de aprendizagem.

PENSAMENTO COMPUTACIONAL
Usar conceitos da computação para resolver problemas de diferentes naturezas. Ampliar a capacidade de raciocínio e a habilidade de pensar de forma abstrata.

ATITUDE EMPREENDEDORA
Empreender com responsabilidade e respeito às pessoas e ao ambiente. Assumir atitude de protagonista e colaborar com a comunidade.

LIDERANÇA
Liderar de forma proativa e colaborativa. Definir estratégias e construir consenso nos grupos.

Figura 3.1 Cartas para recortar e usar como inspiração e reflexão.
Fonte: Inspirada em Competências para o século XXI (UNISINOS, c2021).

PARTE

II

Projetando caminhos

Provavelmente, você já deve não apenas estar familiarizado com a sigla DEI (diversidade, equidade e inclusão), como também considerar esses três atributos, de alguma forma, em suas práticas de trabalho. No ambiente acadêmico, os espaços de debate e cuidado com os três elementos representados na sigla DEI estão presentes em várias instituições de ensino. Um exemplo disso são os casos da Berklee (2022) e da UC San Diego (2022).

O Office of Research: Diversity, Equity, and Inclusion da University of Washington apresenta uma categorização que ajuda a compreender as diferenças e conexões dos três elementos da sigla DEI. Segundo a publicação, a diversidade está relacionada com a existência de diferenças que tornam a experiência na escola, no trabalho e na sociedade mais rica. Já a equidade está relacionada com a garantia de acesso, recursos e oportunidades para todos. Por fim, a inclusão seria algo mais conectado com a perspectiva cultural do espaço, que acolhe todas as pessoas, independentemente de raça, etnia, sexo, idade, identidade de gênero, competências e religião (UNIVERSITY OF WASHINGTON, 2022).

O relatório da Unesco (2019, documento *on-line*) "Manual para garantir inclusão e equidade na educação" descreve a inclusão como "[...] o processo que ajuda a superar barreiras que limitam a presença, a participação e as conquistas dos estudantes". Nesse sentido, a equidade estaria relacionada com um olhar transversal, para que os processos sejam justos e "[...] que a educação de todos os estudantes seja considerada como de igual importância" (UNESCO, 2019, documento *on-line*).

No ambiente empresarial, inúmeras publicações apontam para a importância da diversidade, com destaque para uma tríade de relatórios da McKinsey: Why Diversity Matters (HUNT; LAYTON; PRINCE, 2015), Delivering Through Diversity (HUNT *et al.*, 2018) e Diversity Wins (DIXON-FYLE *et al.*, 2020). Um dos achados desses relatórios é a correlação entre diversidade de gênero e lucratividade e geração de valor (HUNT *et al.*, 2018). Ou seja, esses achados não apenas relacionam a diversidade à perspectiva do respeito à individualidade humana, mas também conectam essa perspectiva à produção de valor nas organizações.

Nos capítulos a seguir, trataremos desses três conceitos a partir da perspectiva do professor, buscando construir uma sala de aula que considere como centrais a diversidade, a equidade e a inclusão. Não buscamos esgotar os temas, mas sim contribuir com a discussão sobre formas de projetação que permitam colocar em pauta esses conceitos.

4
Diversidade

Professores com décadas de prática conseguem voltar no tempo e lembrar de uma época em que a diversidade não era uma preocupação. Nem se falava disso, na verdade. Isso não significa que ela não fosse necessária, mas que não havia uma conscientização tão evidente sobre ela. Eram tempos mais simples. Isso não quer dizer que eram tempos mais justos.

Entendíamos os alunos como uma folha em branco. Havia, nitidamente, diferenças entre eles, mas buscávamos trazê-los ao padrão. Esse termo – padrão – parece ser justamente o nó a ser desatado. O que é padrão? A média dos alunos? O ideal desejado? O socialmente validado? A referência de sucesso?

Nossa busca não era desconectada de nossa visão dominante sobre a sociedade. Nas representações midiáticas de pessoas de sucesso, enxergávamos o homem branco e heterossexual como o padrão de sucesso. A mulher padrão também era branca, heterossexual, e era tão válida quanto mais adequada fosse ao equilíbrio entre delicadeza, recato e sensualidade que o feminino exigia. Essa cultura referenciava o norte global e, quando localizada no Brasil, apostava no sudeste – ou no imaginário europeu do sul brasileiro – como seu centro. O padrão religioso era o cristão, notadamente católico, e voltava seu olhar às "outras" manifestações religiosas como o exótico que é percorrido ora nas aulas de história, ora nos conteúdos de geografia.

O padrão também envolvia capacidades individuais. O aluno deveria ser atento, resistente ao cansaço, com motricidade e capacidades cognitivas adequadas e muito interessado no conteúdo. A crença nessa homogeneidade relacionava-se com a concepção do aluno como uma tábula rasa, típica das visões empiristas da educação – em que o conhecimento estaria no exterior, e o estudante seria uma folha em branco, pronta a receber inscrições. Assim, entendia-se que as condições de largada eram as mesmas e, como consequência, o avanço maior ou menor do aluno ao longo das aulas era naturalmente relacionado com o mérito.

É clichê dizer que vivemos uma mudança de era. Talvez seja mais acurado dizer que vivemos uma era de mudanças, que estão longe de terminar. Temos mais consciência sobre a diversidade que nos envolve e sobre a importância de a reconhecermos, celebrarmos e fomentarmos em sala de aula. Nem sempre, contudo, essa consciência se traduz em prática. E este livro é sobre isto: sobre como podemos mapear a diversidade de etnias, origens, pensamentos, preferências, capacidades, orientações e identidades em sala de aula, celebrar a riqueza que essa diversidade nos traz e imaginar novas formas de trazer à aula aquilo que ainda está excluído, segregado e invisibilizado em nossa sociedade.

Hoje, trazer exemplos de famílias que sejam, exclusivamente, compostas pelo "pai trabalhador" e pela "mãe dona de casa" não conversa com a realidade de nossos alunos, nem os prepara para enxergar o mundo com uma perspectiva mais inclusiva. Apostar exclusivamente em papéis de gênero tradicionais pode não apenas fazer nossos alunos se sentirem excluídos, mas também reforçar preconceitos nos demais, forjando uma visão de mundo em que o potencial de uma pessoa – e as portas que lhe são abertas – está circunscrito a um par de cromossomos.

Da mesma forma, contemplar a diversidade racial e étnica em sala de aula não é apenas uma diretriz, mas sim um compromisso com a redução da desigualdade histórica enorme em relação aos afrodescendentes e aos povos indígenas. Devemos deixar de abordar a história, a cultura e a identidade africanas e indígenas como parábolas sobre "o outro" e incorporá-las como elementos essenciais de nosso padrão.

Mas como podemos trazer a diversidade para a sala de aula? Quando falamos em diversidade em sala de aula, podemos querer dizer trabalharmos o conceito de diversidade, estarmos conscientes dela, a celebrarmos ou, ainda, a promovermos. Neste capítulo, propomos ferramentas situadas, isto é, que ajudam o professor a produzir valor a partir da diversidade e de suas lacunas no panorama sociocultural de cada sala de aula.

O papel do professor no fomento à diversidade e à consciência envolve conhecimento e sensibilidade para identificar oportunidades pedagógicas, enxergando os estudantes como possuidores de saberes e experiências de vida essenciais para a mobilização dos conteúdos e o desenvolvimento de capacidades. O papel também requer que o docente crie um espaço seguro e ceda a vez – e a voz – para que os alunos tragam à tona as suas próprias vivências em que a diversidade foi protagonista, quer seja pela presença, que seja pela ausência dela.

Como quase tudo em sala de aula, entendemos que trabalhar a diversidade é uma prática situada. Ela deve ser reinventada a cada sessão, a cada grupo de alunos, em diálogo com suas subjetividades, vivências, sentimentos, temporalidades e visões de mundo. Para isso, propomos instrumentos que – longe de representarem uma fórmula certeira para trabalhar o tema – podem auxiliar o professor a explorar possibilidades, identificar lacunas e criar oportunidades ricas em aprendizado e produção de significado.

CANVAS DA DIVERSIDADE

Nosso primeiro instrumento é um canvas da diversidade para planejar a sua disciplina. Para elaborá-lo, pegamos emprestada a inspiração de Perrenoud (2001, p. 69) na abertura de avenidas possíveis para mapear e sensibilizar para a diversidade em sala de aula:

> No início do ano, um professor de ensino fundamental depara-se com 20 a 25 crianças diferentes em tamanho, desenvolvimento físico, fisiologia, resistência ao cansaço, capacidades de atenção e de trabalho; em capacidade perceptiva, manual e gestual; em gostos e capacidades criativas; em personalidade, caráter, atitudes, opiniões, interesses, imagens de si, identidade pessoal, confiança em si; em desenvolvimento intelectual; em modos e capacidades de relação e comunicação; em linguagem e cultura; em saberes e experiências e aquisições escolares; em hábitos e modo de vida fora da escola; em experiências e aquisições escolares anteriores; em aparência física, postura, higiene corporal, vestimenta, corpulência, forma de se mover; em sexo, origem social, origem religiosa, nacional ou étnica; em sentimentos, projetos, vontades, energias do momento.

Nesse canvas, você poderá mapear e refletir sobre o quão diversa é a sua turma e que outras diversidades seria importante trazer ou contemplar em atividades (Figura 4.1). Esqueça certezas ou determinismos: o canvas é um mapa com destinos abertos e deve ser revisitado ao longo do ciclo letivo, permitindo que novas paisagens emerjam e inspirem atividades em sala de aula.

Esse instrumento, portanto, é seu, professor. Trata-se de uma cartografia a ser continuamente desenhada, que o ajudará a compreender em que aspectos a turma é mais diversa e em que aspectos ela é menos diversa. As duas constatações são importantes: nos aspectos em que a turma é mais diversa, há de se pensar em como produzir desfechos positivos a partir das diferenças; nos aspectos em que ela é menos diversa – ou mais uniforme –, pode-se imaginar como trazer a diferença para ampliar os horizontes dos alunos, educando-os para a diversidade, o respeito e a inclusão.

Você perceberá que o canvas tem seis categorias fixas e seis abertas. Nas categorias fixas, trazemos algumas dimensões mais frequentes da diversidade humana em sala de aula: racial e étnica, agregado familiar, classe social, crenças religiosas, gênero e identidade e capacidades físicas e cognitivas. Além delas, há espaço para mais seis categorias à sua escolha – preencha-as como fizer sentido para a realidade de sua turma.

O preenchimento do canvas é aberto, e você poderá utilizar texto escrito, *post-its*, figuras ou quaisquer outros elementos dentro das caixas de cada categoria. Preencha como considerar mais adequado para seu uso, pensando em como cada espaço poderá traduzir a riqueza da diversidade humana em cada uma de suas dimensões.

Pensar em um canvas, ou seja, em algo material, fora da nossa cabeça, ajuda-nos a entender dimensões, conexões, contrastes, possibilidades. Esse canvas – e todos os outros que trazemos aqui – não foi pensado para trazer respostas certeiras e definitivas, e sim para inspirar e mobilizar a tomada de ação. Cada uma de suas turmas trará desafios particulares – e oportunidades distintas. Use o canvas como seu espaço de reflexão, um instrumento de navegação para manter sempre à vista as questões da situação abordada.

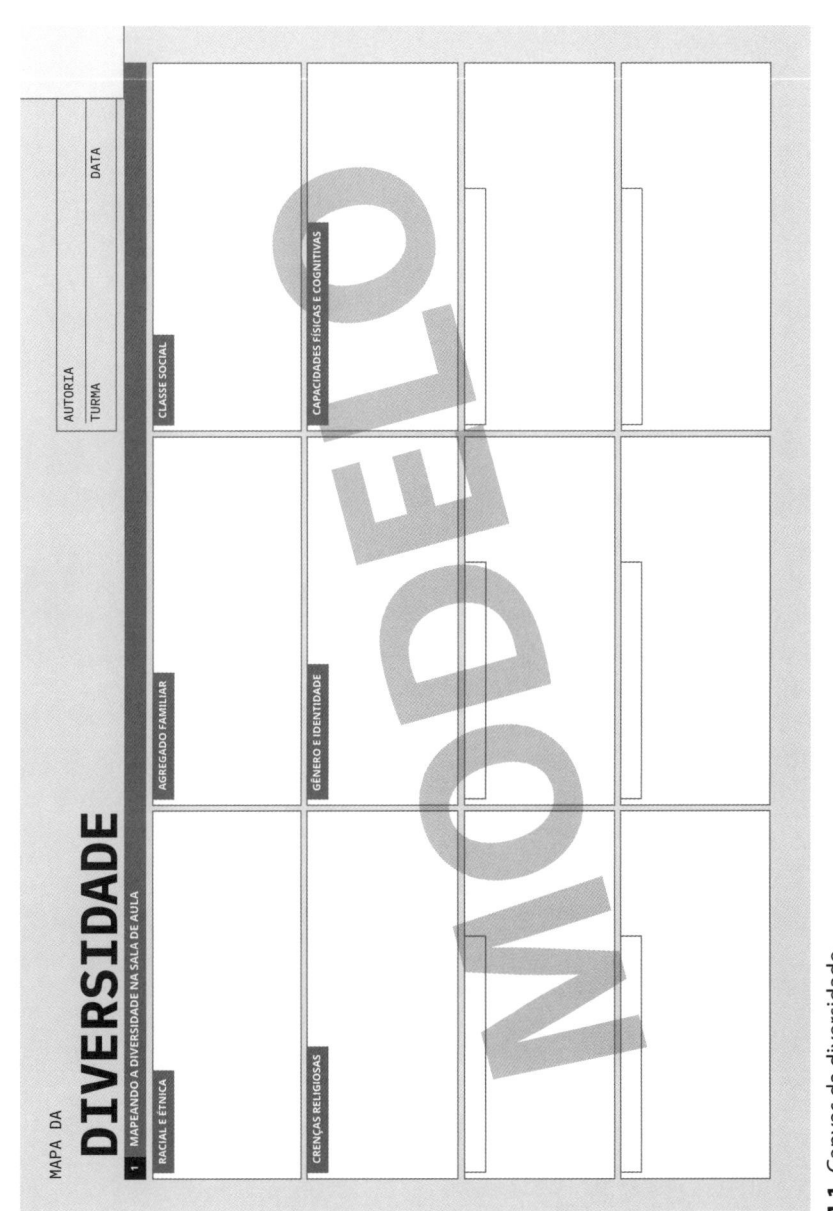

Figura 4.1 Canvas da diversidade.
Fonte: Com base em Perrenoud (2001, p. 69).

5
Equidade

Equidade e igualdade são dois termos correlatos, cuja diferenciação deixa entrever tanto a conexão entre ambos quanto o abismo que os separa. Enquanto a igualdade implica uma equivalência de condições e capacidades, a equidade significa garantir condições e oportunidades para que essa igualdade possa ocorrer.

Operando na igualdade, alunos distintos têm capacidades e condições similares, desfrutando de oportunidades equivalentes. Já a equidade busca trazer condições equivalentes a quem parte de situações precárias, sem acesso aos recursos que os demais tiveram.

A equidade não é um assunto menor na educação: entre os objetivos de desenvolvimento sustentável da Organização das Nações Unidas (ONU) para o Brasil, destaca-se o quarto, que aborda o direito a uma educação de qualidade, por meio do acesso à educação inclusiva, de qualidade e equitativa e da promoção de oportunidades de aprendizagem ao longo da vida para todos (NAÇÕES UNIDAS BRASIL, 2022).

Tanto no Brasil quanto em outros países, a discussão sobre equidade envolve os gargalos de evolução no sistema educacional. Ou seja, como o sistema de avaliação e resultados educacionais produz indicadores fidedignos de evolução em uma situação em que se sabe que uma parcela significativa dos estudantes parte de condições muito desafiadoras.

Criar sistemas, estratégias e dinâmicas pedagógicas em que todos possam desenvolver conhecimentos, habilidades e atitudes independentemente de fatores sociais e econômicos envolve voltar nosso olhar à correção de distorções no ponto de partida de cada aluno. Esse olhar deve considerar as múltiplas camadas do sistema organizacional: desde diretrizes e políticas no âmbito nacional até estratégias pedagógicas em sala de aula. Em todos os níveis, a atenção para como cada estudante acessa a escola, permanece nela e aprende é essencial para entender quem é excluído, quais são os fatores de exclusão e em que momento da vida isso ocorre.

Neste capítulo, falaremos da equidade na sala de aula. Focamos nossos esforços em garantir que todo estudante tenha os recursos e o suporte de que precisa para evoluir. Pela perspectiva da equidade, isso significa criar estratégias para entender qual é o ponto de partida de cada aluno e elaborar e oferecer meios para que ele desenvolva as suas capacidades sem prejuízo em relação aos demais colegas. Para isso, nossos sistemas, estratégias e táticas educacionais devem se adaptar à paisagem humana de nossas salas de aula, e não a forçar a se enquadrar em modelos predefinidos.

Uma das questões presentes no ambiente educacional e que precisamos considerar é a perspectiva de mensuração e de testes padronizados. Nesse sentido, falar sobre equidade envolve falar sobre indicadores. Ou melhor, sobre números, notas, avaliações. Também envolve falar sobre o que cada um dos números que criamos para enquadrar pessoas significa e o poder que eles têm de impulsionar trajetórias ou condená-las à estagnação – ou a um eterno banco de trás. Na cultura popular, números são entendidos como entes neutros, desprovidos de sentimentos, valorações e inclinações. Um olhar mais próximo sobre como esses números são produzidos, contudo, revela que todo indicador é gerado a partir de condições socialmente produzidas. Condições menos favoráveis produzem números menos favorecidos, os quais desencadeiam uma sequência de portas fechadas a estudantes e retroalimentam sistemas de segregação social mascarados por uma lógica de dados.

Cabe destacar o trabalho dos epidemiologistas Richard Wilkinson e Kate Pickett (2015), que apresentam, em seu livro *O nível*, argumentos demonstrando, por exemplo, que o contexto familiar é determinante para o sucesso das crianças na escola. Segundo os autores, as crianças têm melhores resultados escolares quando seus pais têm rendas mais altas e instrução.

Essas questões podem, eventualmente, ser extrapoladas para o contexto escolar, demonstrando por que algumas escolas têm maior probabilidade de sucesso do que outras.

Em países mais desiguais, como é o caso do Brasil, torna-se muito difícil para estudantes que têm menos acesso obter os mesmos resultados em termos de aprendizagem. Se formos avaliar especificamente o uso de internet, temos um bom exemplo disso. Segundo o Instituto Brasileiro de Geografia e Estatística (IBGE) (2021), em 2019, 4,3 milhões de estudantes não tinham acesso à internet para acompanhar as aulas, sendo a ampla maioria (4,1 milhões) alunos de escolas públicas.

Como, portanto, o professor pode tornar-se um agente da equidade em sala de aula? Sua posição como agente da equidade em sala de aula envolve, primeiramente, uma avaliação honesta de sua própria posição, privilégios e perspectivas. É a partir de uma autoavaliação de seus vieses que o professor compreende como ele vê o mundo e amplia seu olhar para as barreiras e as dificuldades enfrentadas pelo outro.

A escuta dos alunos é um ponto central na busca pela equidade, uma vez que ela leva em consideração a diversidade de origens, etnias, identidades, culturas, crenças e capacidades para a atualização constante de instrumentos, para que o professor possa compreender onde estão as barreiras a serem trabalhadas e elaborar estratégias para combatê-las. Os materiais de ensino também são sujeitos a essa escuta – eles também carregam vozes e vieses em maior ou menor intensidade e podem habilitar ou restringir o acesso dos alunos.

Ao compreender como o panorama social e interacional ocorre em sala, o professor pode gerir as participações, de forma a contemplar alunos cujas vozes não são tão audíveis, gerando oportunidades equânimes de envolvimento. Essa revelação de vozes pode ocorrer tanto em interações em grupo quanto a partir do incentivo a contribuições e partilhas dos alunos em formatos que lhes sejam mais confortáveis ou seguros.

Além da remoção de obstáculos e da criação de condições melhores para alunos que não tiveram oportunidades, o professor pode repensar os indicadores que produz em suas avaliações. Ao mesmo tempo que é necessário que a avaliação cumpra seu papel no desenvolvimento de cada aluno, é importante que ela seja comprometida efetivamente com o seu desenvolvimento e faça sentido com a sua trajetória.

Por fim, a criação de mecanismos de *feedback* dos alunos pode construir um ambiente de confiança e abertura, tornando evidente à classe que suas opiniões e sentimentos são importantes. A Figura 5.1 resume essas atitudes e posturas do professor em um ciclo. Afinal, o trabalho de cuidado e ação rumo à equidade não se encerra, exigindo atenção e intervenção constantes.

Autoavaliação
Avaliação honesta da posição, dos privilégios, dos vieses e das perspectivas do professor

Escuta
Consideração da diversidade da turma e dos vieses dos materiais didáticos existentes

Em busca da equidade

Feedback
Abertura do professor à opinião e ao *feedback* dos alunos

Espaço aberto
Abertura de espaço para vozes silenciadas e remoção dos obstáculos à participação

Indicadores
Proposição de indicadores comprometidos com o desenvolvimento dos alunos

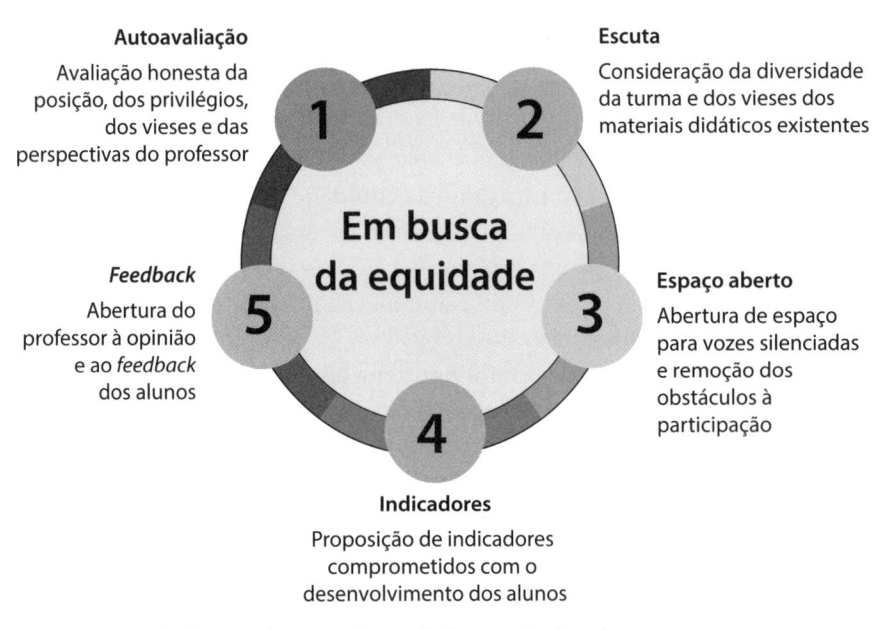

Figura 5.1 Ciclo de atitudes rumo à equidade em sala de aula.

Além das questões aqui apresentadas, cabe destacar a proposta da Organisation for Economic Co-operation and Development (OECD) (2008), que descreveu 10 passos para a equidade em sala de aula. Os pontos principais da proposta incluem elementos relacionados com *design*, práticas e recursos que podem apoiar o professor nesses processos.

CANVAS DA EQUIDADE

Neste capítulo, disponibilizamos um canvas que auxilia o professor na busca pela equidade em sala de aula. É importante ressaltar que esse instrumento se conecta às ferramentas de diversidade e inclusão presentes em outros capítulos deste livro, a fim de auxiliar o docente a olhar a sua situação a partir de diferentes perspectivas complementares.

O canvas da equidade tem duas folhas, uma dedicada à estratégia, e a outra, à ação. A seguir, você pode observar a primeira delas – a folha da estratégia (Figura 5.2). Nessa folha, são estabelecidas as características da desigualdade e a estratégia para contorná-la. Trazemos, aqui, o conceito de personas – representações de pessoas reais que, nesse canvas, passam por situações de desigualdade similares.

Preencher esse canvas é fácil: primeiro, desenvolva a persona – ou personas – que sofre um determinado tipo de desigualdade em sua sala de aula. Identifique cada persona como preferir – com nomes reais ou fictícios. A seguir, preencha o quadrinho "vozes e evidências". Nele, você deve focar nas evidências que tem dessas desigualdades. Como elas se fazem sentir? Que falas das pessoas presentes em sua sala de aula tornam essa desigualdade sensível?

Após identificar as evidências, preencha o quadrinho "desafios e obstáculos". Detalhe quais são os empecilhos que essas personas enfrentam em seu dia a dia. Depois, é hora de imaginar diversos meios de ajudá-las a vencer esses desafios, superando as desigualdades e chegando a uma situação equânime em relação aos seus colegas. Não economize sugestões: despeje todas as ideias que conseguir imaginar – cada ideia importa.

Tão importante quanto as ideias é a ajuda que você terá para realizar seus planos: na parte inferior do canvas, liste quem poderiam ser seus aliados (humanos ou organizacionais) e os recursos necessários para colocar suas ideias em prática.

Tudo pronto? Partimos, então, para o segundo canvas da equidade, o da ação (Figura 5.3). Nesse canvas, você detalhará decisões que tomou no canvas da estratégia: os elementos necessários, os recursos que tornarão esses elementos viáveis, o público a ser beneficiado e uma jornada da ação, ou seja, uma sequência de passos para tornar reais as suas propostas.

Na parte inferior do canvas, há dois quadrinhos imprescindíveis que arrematam nossa ação. O primeiro é o de desfechos obtidos, isto é, dos resultados da ação que você planejou, detalhou e empreendeu. O segundo quadrinho é especialmente importante: nele, você anotará os aprendizados que teve durante o processo, elemento muito rico que beneficiará todas as suas próximas ações e que pode ser compartilhado com seus colegas docentes.

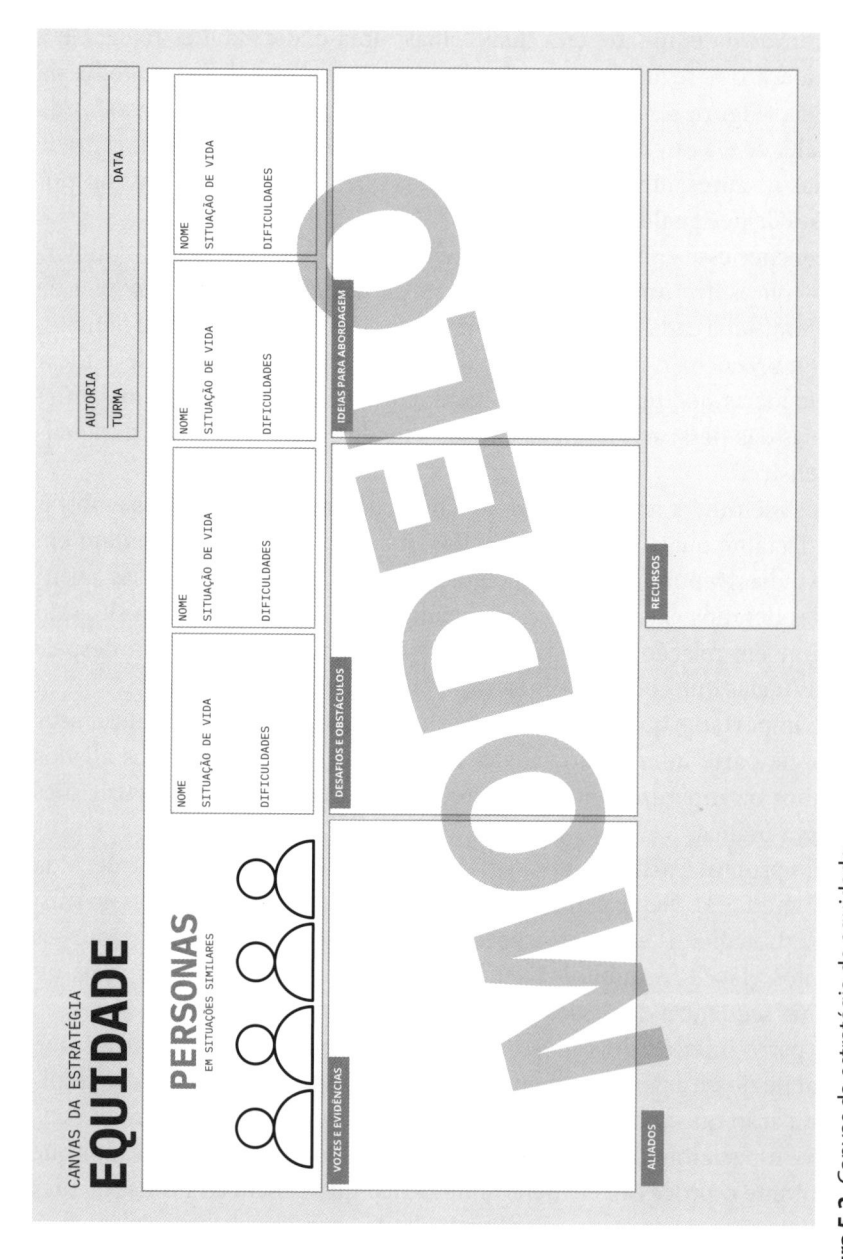

Figura 5.2 Canvas da estratégia de equidade.
Fonte: Com base em Holmes (2020), Osterwalder; Pigneur (2010) e OECD (2008).

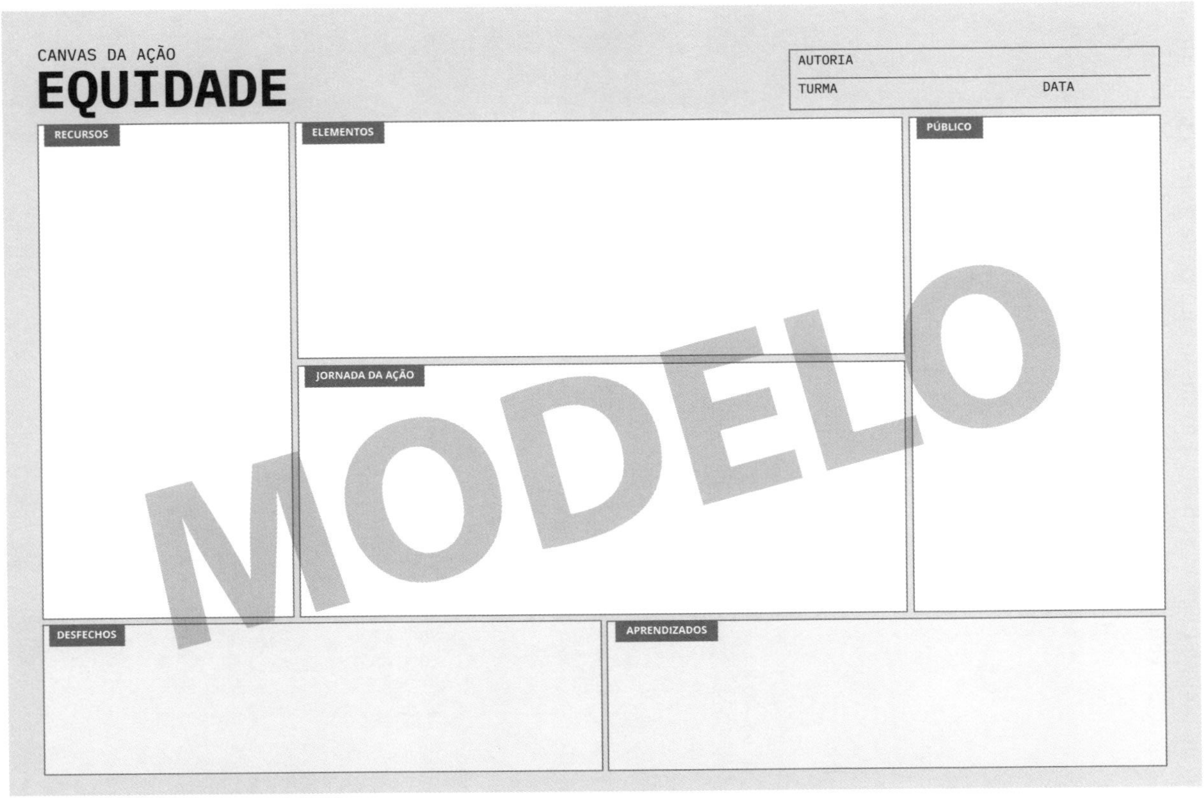

Figura 5.3 Canvas da ação da equidade.
Fonte: Com base em Holmes (2020), Stickdorn; Schneider (2014) e OECD (2008).

Esperamos que você goste desse exercício e que o repita em diversos momentos ao longo do período letivo. No próximo capítulo, propomos uma abordagem complementar, voltada à inclusão, que pode potencializar ainda mais a sua ação. Vamos lá?

6
Inclusão

Sempre que projetamos, escolhemos caminhos. Esses caminhos impactam todos aqueles que vão, de alguma forma, usufruir dos resultados de nosso projeto, sofrer as consequências de nossas decisões ou criar conosco possibilidades futuras. Quando olhamos para a perspectiva da sala de aula, por exemplo, realizamos escolhas para cada etapa: momentos da aula, materiais para estudo, dinâmicas de aula, entre tantas outras variáveis que impactam esse processo.

Entretanto, embora as escolhas nos ajudem a reconhecer caminhos e a construir possibilidades, elas também fazem o inverso: limitam o que vamos encontrar nas fronteiras inerentes ao que trilhamos. Nessa perspectiva, avançar para um processo de projetação que abandona a lógica de fazer algo para a média, como descrito por Criado Perez (2019) e Rose (2016), é fundamental. Quando projetamos para a média, não projetamos para ninguém. Além disso, precisamos avançar um passo além: precisamos pensar em possibilidades que promovam um *design* mais inclusivo e que considerem nossas potencialidades e eventuais deficiências.

Clarkson *et al.* (2003) descreveram, em seu livro *Inclusive design: design for the whole population*, que vivemos duas tendências fundamentais: o envelhecimento da população e a integração cada vez maior de pessoas com algum tipo de deficiência na sociedade em geral. Para os autores, um dos elementos fundamentais da inclusão é compreender como nos transformamos ao longo do tempo, física, mental e psicologicamente. Assim, propõem uma definição que trabalha o *design* inclusivo como uma metodologia que busca projetar para a amplitude total da diversidade do ser humano.

Esse conceito está relacionado com o proposto por Holmes (2020) – uma perspectiva que ressignifica a deficiência. Anteriormente compreendida como uma condição de saúde pessoal, na perspectiva descrita pela autora, a deficiência passa a ser percebida como uma interação humana que tem alguma incompatibilidade, alguma lacuna de relação entre o objeto, a situação e a pessoa.

Embora esses conceitos sejam compreendidos por todos e pareçam fazer sentido, em nossa prática projetual, muitas vezes voltamos para um processo que busca respostas rápidas relacionadas com um determinado grupo ou com a média de um grupo. Assim, utilizamos ferramentas fundamentais, como o uso de personas, que nos ajudam a compreender grupos que poderiam utilizar nosso produto ou serviço. Em geral, a proposta de uma persona tangibiliza e humaniza um público-alvo. Damos nome, uma história e um contexto e buscamos compreender como ela transforma e é transformada por nosso produto ou serviço.

Se pensarmos na sala de aula, estamos falando de diferentes personas. Pensamos, primeiramente, no aluno. Em seguida, nos lembramos do professor, dos pais, talvez do coordenador e, pouco a pouco, chegamos ao gestor escolar. Na perspectiva da inclusão, contudo, há muito mais do que a cena – onde a aula é encenada – permite ver. Da sala, também participam os profissionais de limpeza, manutenção, serviços de apoio e infraestrutura tecnológica. Sem eles, a sala não acontece. Com as lentes da inclusão, como podemos compreender seus pontos de vista e tornar a sala mais acessível e integrada a eles, por exemplo?

Há, ainda, alguma controvérsia na forma como a persona é utilizada de forma reducionista e simplificadora em projetos. As críticas são pertinentes: é tentador reduzir todo um grupo – alunos da 3ª série do ensino médio, por exemplo – a uma representação única, apoiada em clichês facilmente confirmáveis em representações na mídia. Afinal, seriam todos os alunos de um ano iguais? Podemos considerar as pessoas da mesma geração como parecidas? Quais critérios utilizamos para classificar as pessoas como assemelhadas ou diversas? Essas questões devem ser consideradas quando pensamos em personas para processos educacionais.

A proposta de Holmes (2020) apresenta a perspectiva do que ele chama de espectro de personas, trabalhando com a ideia dos sentidos (tocar, ver, ouvir e falar) em três tipos de incompatibilidades (permanente, temporal e situacional).

A partir dessa lógica e de nossa compreensão de que devemos projetar para todos – em diferentes situações –, pensamos e desenvolvemos materiais que avançam no contexto do espectro de personas, buscando compreender outros pontos relevantes, especialmente no contexto da sala de aula.

Se pensarmos em nossos alunos, o que influencia a sua capacidade de conexão e aprendizado? Podemos ter, por exemplo, questões de tecnologia e de interação, que podem impactar o processo permanentemente, temporariamente ou em uma dada situação. Da mesma forma, como o contexto social do aluno interfere nas suas interações? Como a sua identidade é reconhecida ou ignorada pela estrutura educacional que criamos? Como cada um se vê e se reconhece não dentro de um espectro do normal, mas sim do legítimo?

Entendemos a inclusão, portanto, não apenas como o aumento da porosidade de nossas práticas à participação física dos indivíduos, mas também como a possibilidade de que todos os sujeitos envolvidos se apropriem do ambiente e se sintam pertencentes à situação. Não basta fornecer acesso à educação inclusiva, é preciso também possibilitar o aprendizado e a produção de significado.

Essas, entre outras questões, deram origem à proposta que apresentamos aqui, que trabalha a partir da perspectiva do canvas em associação com o conceito de ampliação da compreensão da persona. A seção a seguir explica o canvas do espectro de personas e seu preenchimento a partir de um olhar da educação.

CANVAS DA INCLUSÃO

O canvas da inclusão foi inspirado no espectro de personas proposto por Holmes (2020), em que buscamos pessoas que são impactadas por um obstáculo de formas distintas. Mais que um jogo de certezas, o canvas convida quem o preenche a refletir sobre aspectos importantes da projetação para a inclusão. Não se trata do certo, do errado, do previsível, mas de contemplar como as condições materiais do que projetamos podem dificultar ou até mesmo impedir o acesso e a participação de diversas populações. Um canvas, afinal, é uma tela em que se escreve e reescreve, em que se pensa sobre como podemos melhorar uma decisão que tomamos há 10 minutos. Essa obra aberta, em andamento, convida quem o preenche a "pensar com" e a repensar possibilidades.

Há diversas maneiras de se começar a preencher um canvas. Podemos iniciar pela dificuldade ou pelo desafio percebidos, mapeando pessoas que sejam sujeitas a eles, ou podemos inverter a ordem e começar pelas pessoas, isto é, entendendo públicos específicos a partir de possíveis lacunas e desafios na inclusão deles. Independentemente de por onde comecemos, é importante que estejamos abertos a novas possibilidades enquanto preenchemos e refletimos sobre o canvas. A Figura 6.1, a seguir, descreve os principais elementos dessa proposta de canvas, com o objetivo de facilitar a sua construção.

ESPECTRO DA PERSONA

Nesse espectro, você identificará pessoas diferentes que atravessam dificuldades com uma mesma interação. O espectro da persona nos incentiva, justamente, a olhar de forma mais ampla para o nosso panorama humano em sala de aula, identificando desajustes nas interações a partir de condições distintas. Esse olhar mais amplo permite que possamos incluir mais pessoas em nossos esforços.

Para as três condições propostas no canvas (permanente, temporária e situacional), escreva uma breve narrativa da persona. Com narrativa, queremos dizer bem mais do que dados demográficos. Por trás de idade, condição socioeconômica ou gênero, está um ser humano com desejos, capacidades, expectativas, medos, rotinas, hábitos, sonhos. Enxergar esse ser humano no espectro de persona é essencial.

Além da narrativa, descreva o contexto social dessa persona. Quem mais está com ela nessa interação que você observa? Ela está sozinha? Em grupos? Com família ou amigos? Quem sabe em uma multidão? É importante ter em mente, também, os papéis da tecnologia para essas pessoas. Que tecnologias são essas e como as pessoas as manipulam?

Finalmente, complete o espectro das personas anotando como elas realizam a interação que você escolheu para trabalhar, dentro dos contextos delas.

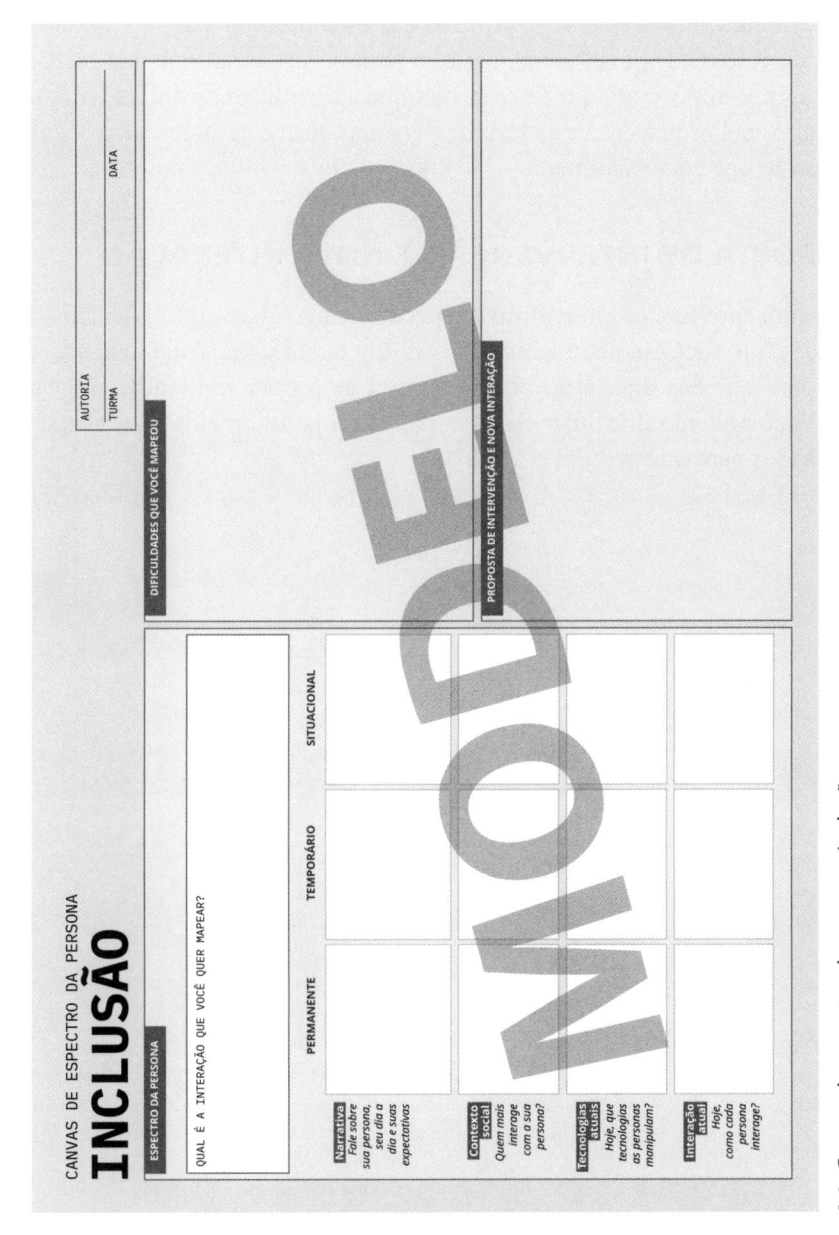

Figura 6.1 Canvas de espectro de persona: inclusão.
Fonte: Com base em Holmes (2020) e Kumar (2012).

DIFICULDADES QUE VOCÊ MAPEOU

Nem tudo na vida são flores, e é por isso que estamos aqui: para compreender os percalços das pessoas e ajudá-las a eliminá-los para uma vida plena. Nessa área, é importante que você se dedique a identificar as dificuldades e os desafios pelos quais seu espectro de personas atravessa ao tentar realizar a interação que você escolheu.

PROPOSTA DE INTERVENÇÃO E NOVA INTERAÇÃO

Agora sim, após ter compreendido o espectro de personas agindo dentro da interação que você escolheu e mapeado as dificuldades que cada uma apresenta para que essa interação ocorra, é hora de propor mudanças. Sugira como você poderá reformular essa interação, propondo meios mais acessíveis a todos para que possam participar.

Considerações finais
Partindo para a ação

Nos últimos anos, em particular após o início da pandemia da covid-19, uma série de publicações têm elencado urgências, crises e tendências em nível global, com grande impacto no campo da educação. Sensibilizamos nosso olhar e nossas práticas a partir desses desafios, e os compartilhamos com você nos próximos parágrafos.

Ainda no início da pandemia, o Fórum Econômico Mundial publicou o texto expressando a necessidade de, a partir do que vivemos nesse período, "[...] reinventar o capitalismo" (BAKKER; ELKINGTON, 2020, documento *on-line*). O texto, assinado por Bakker e Elkington (2020), apontava a necessidade de construirmos um caminho mais sustentável, resiliente, com a inclusão de todos.

No mesmo ano, um texto da Unicef (2020), denominado *Reimagining our future*, apontava a existência de três crises em constante interação: mudanças climáticas, mudanças políticas e sociais e mudanças econômicas. O texto trazia, de maneira sistêmica, um olhar sobre os principais problemas globais e a necessidade de nos reinventarmos para enfrentar esses problemas coletivamente (UNICEF, 2020).

Mais recentemente, em janeiro de 2022, a Unicef publicou o relatório "Prospects for children in 2022: a global outlook", com autoria do Office of Global Insight and Policy. O relatório apresenta um olhar bastante aprofundado sobre o futuro, incluindo 10 tendências que devem ter implicações para todos nós, embora o foco do texto seja o impacto nas crianças. Entre essas tendências, destacamos quatro, que consideramos de especial relevância para a educação: a trajetória incerta da pandemia, em termos de desdobramento e impacto; a recuperação econômica em forma de K, desigual globalmente; a instabilidade política e os conflitos dela resultantes; e, por fim, o crescimento da economia digital (UNICEF, 2022).

Essas questões nos desafiam a pensar o local, o global, o agora e o depois. Amplamente descritas na literatura e presentes no dia a dia de todos nós, elas nos impelem a sairmos de bolhas e zonas de conforto e a adotarmos a perspectiva global, ecossistêmica, como único caminho possível para revertermos desigualdades e efeitos malignos em diversas camadas da vida na Terra. Temos, ainda, os desafios de pensar a educação a partir de uma perspectiva humana, com desenvolvimento individual para todos e impacto coletivo.

Como podemos avançar? Reconhecer essas tendências e esses movimentos nos ajuda a imaginar futuros possíveis. O exercício de pensar o futuro não é um procedimento exato, ou um processo em que buscamos descobrir o que vai acontecer para nos prepararmos melhor para aquele evento ou movimento específico. O exercício de imaginar é um dos principais combustíveis do processo criativo e dos processos de aprendizagem. Quando imaginamos possibilidades, ampliamos nosso olhar, abrimos espaço para o novo e para diferentes formas de pensar o presente e o futuro. Uma das poucas certezas que podemos ter, em processos como esse, é que não vamos acertar no alvo do futuro "real". Em outras palavras, dificilmente, entre os cenários que imaginarmos, estará o cenário que vai acontecer. Contudo, pensar nas possibilidades nos permite, além de transformar esse futuro, estar mais preparados para o que vem pela frente.

Nesse sentido, reconhecer as diferenças, personalizar os processos e buscar o desenvolvimento de ambientes seguros a partir, por exemplo, da diversidade, da equidade e da inclusão, nos parecem caminhos fundamentais para a transformação do nosso presente e do nosso futuro.

Assim como é difícil prever o que está por vir, é difícil escrever sobre isso, especialmente quando passamos por momentos bastante complexos, que têm, como uma das consequências, a nossa separação física e vários outros gargalos para o desenvolvimento de uma educação integral. No entanto, precisamos nos lembrar de que, como educadores, somos projetistas. Precisamos criar caminhos, coletivamente, com nossos estudantes. Precisamos ouvir os alunos e desenvolver possibilidades a partir de seus interesses. Precisamos abrir espaços de reflexão e de construção coletiva.

Escrevemos estas páginas para compartilhar com todos nossa experiência, bem como as pesquisas que nos impactaram e nos moldaram como professores. Em cada um dos capítulos, trouxemos exemplos e materiais orientados pelo *design*, para ajudar educadores e educadoras na construção de caminhos para a reinvenção, para projetar novos horizontes para nossa atividade, nossa sala de aula, nossos processos de ensino e aprendizagem. Tudo o que está aqui descrito, contudo, depende da ação de cada um e da adaptação dos materiais à sua realidade. Depende da sensibilidade e da criatividade de cada docente em abordar as situações que vivencia.

Projetar, afinal, é um ato contínuo de reprojetar. Ele é sempre situado. O contexto, a cultura e o momento impactam e transformam. Provavelmente, cada vez que aplicarmos uma determinada ferramenta, vamos adaptá-la à realidade daquele momento único. E isso nos leva a uma questão importante: parece-nos que, além do que apresentamos aqui, uma questão fundamental precisa ser considerada para que possamos avançar em uma educação integral e com impacto coletivo. Quando falamos em projetar, falamos em tempo. Precisamos resgatar a noção do tempo da reflexão, do tempo da escuta, da espera, da contemplação.

Recentemente, participamos de um evento que trazia como pauta a importância de nos adaptarmos a uma nova geração que reconhece o tempo de maneira diferente de outras gerações. Uma geração que vive de forma mais acelerada e que teria dificuldades em focar durante períodos mais longos. Por exemplo, um período de aula.

Discordamos um pouco dessa perspectiva, e explicamos o porquê. A geração que está em nossas salas de aula tem uma capacidade profunda de foco, em várias atividades – um ótimo exemplo são os jogos, com os quais os jovens podem se envolver por horas seguidas. Há algo, ali, que possibilita que eles se envolvam por horas a fio.

Ironicamente, a partir da experiência que temos, acreditamos que é a nossa geração que está acelerada. É a nossa geração que desvia o olhar e o pensamento a cada clique no *smartphone*. É a nossa geração que lê duas, três páginas de um livro e precisa clicar no telefone para ver a última mensagem, para ver o último *post*.

Nossos alunos já nasceram em meio às tecnologias da digitalidade, à internet. Isso não quer dizer que tenham total consciência de como utilizá-la – muito pelo contrário, mas eles podem se adaptar à medida que os ajudamos.

Todavia, primeiro, precisamos nos reencontrar no tempo analógico, na desaceleração. Na reflexão, na contemplação, no silêncio. Precisamos projetar esse desacelerar para percebermos novos caminhos.

Durante a pandemia da covid-19, para o Gustavo, isso se desenhou diariamente, com 30 minutos de silêncio e de escrita sobre um tema qualquer: o canto dos pássaros, a crise da educação, ou mesmo o tempo chuvoso em Porto Alegre. Para a Melissa, a desaceleração se deu pelos fazeres materiais, como preparar a comida da semana com atenção à origem de cada alimento, pintar paredes ou imaginar e implementar novas formas de se conectar com os alunos em temporalidades assíncronas. Também se deu pelo exercício da pausa como espaço necessário à reflexão e à escuta atenta – em sala de aula, em meio às produções técnicas, na observação dos sujeitos para os quais se estava projetando. Cada um de nós precisa buscar algo assim, para diminuir a aceleração do tempo digital e, a partir disso, ajudar nossos alunos.

Falamos da desaceleração de forma tão deliberada porque acreditamos que, para projetar, devemos estar atentos e investidos na situação. A tecnologia tem centralidade em nosso tempo. Entendemos, contudo, que ela precisa estar no seu lugar: a serviço de todos nós, e não como demandante de nossas atenções.

Embora todo esse contexto seja complexo e incerto, no início do segundo semestre de 2022, é necessário um otimismo compulsório para todos os educadores que buscam promover um futuro melhor. Precisamos avançar naquilo que Hargreaves e Shirley (2022) chamam, em seu livro, de doutrina da prosperidade – um conceito conectado à perspectiva de prosperarmos em todos os aspectos da vida, para além do estritamente econômico, buscando o desenvolvimento integral. Para isso, cabe a cada um de nós projetarmos caminhos coletivamente.

Mas que caminhos devemos seguir? Neste livro, percorremos seis temas essenciais à reflexão e à ação em sala de aula, trazendo ferramentas que podem propiciar a abertura de novas perspectivas e oportunidades para quem habita os círculos da educação.

Iniciamos nosso percurso refletindo sobre as nossas capacidades projetuais inatas e as possibilidades abertas a quem investe tempo, recursos e dedicação à reinvenção de pensamentos, práticas e espaços. Aprendemos que todos somos capazes de revolucionar nossos fazeres e que podemos contar com o pensamento projetual e as capacidades do *design* para propor inovações em nosso dia a dia.

Prosseguimos nos detendo sobre as potencialidades e particularidades da articulação curricular e dos múltiplos e dinâmicos papéis de um professor – todos elementos essenciais à reconfiguração inovadora da forma como concebemos a aula. Refletimos, também, sobre como tanto o currículo quanto a atividade docente podem ser reprojetados, ganhando impulso a partir de novos vieses e novas dimensões reveladas.

E, a partir dessa tríade – sala, currículo, professor –, avançamos para outra, como se elaborássemos ingredientes e partíssemos para uma série de práticas com eles. Propomos um olhar detido sobre a diversidade, a equidade e a inclusão, práticas e políticas voltadas à redução das desigualdades e à promoção de uma educação democrática e de qualidade a todos. O quadro a seguir apresenta perguntas que devemos nos fazer, como educadores, para internalizarmos essa perspectiva.

	Sala	**Currículo**	**Professor**
Diversidade	Como a sala de aula pode reconhecer e ganhar valor a partir da diversidade?	Como o currículo ganha vida a partir da diversidade de cada turma? Como ele reconhece e representa a diversidade?	Como o professor pode se tornar um agente que valoriza a diversidade, promove a inclusão e articula estruturas para a equidade?
Equidade	Como a sala de aula pode impulsionar esforços de equidade?	Como o currículo se abre a mecanismos para a equidade?	
Inclusão	Como a sala de aula inclui seus habitantes? Como podemos perceber as exclusões deles?	Como o currículo pode se moldar às necessidades de inclusão? Como ele reconhece as exclusões que promove?	

Ao longo de todos os capítulos, articulamos esses conceitos à prática do *design*, trazendo ferramentas que podem provocar positivamente nosso cotidiano profissional, revelando possibilidades até então impensadas e, principalmente, nos colocando no lugar do outro.

Estamos longe, contudo, de querer propor um conjunto fechado e infalível de práticas. As ferramentas propostas aqui devem ser entendidas como um canvas aberto, para que cada um use, transforme, recrie, ressignifique. Torcemos para que você faça bom uso das ferramentas e as torne suas, fazendo florescer capacidades e individualidades em seus colegiados e salas de aula.

Esta obra tenta ampliar as possibilidades de ferramentas e de compreensão das competências que precisamos para avançar em um período de tanta incerteza. Nosso objetivo é provocar a reflexão e convidar a todos para sermos protagonistas em um dos momentos de maior transformação na educação – o tempo que estamos vivendo. Esperamos que todos tenham tido uma boa leitura e que possam, a partir de tudo que já fazem e das ideias aqui delineadas, seguir um processo de transformação por meio da educação – provavelmente um dos poucos caminhos possíveis para avançarmos como indivíduos e como país.

Posfácio

Escrevemos este Posfácio naquele último momento, em que olhamos o trabalho pronto, as possibilidades que se colocam, e percebemos que podemos apontar um pouquinho mais para a frente.

Em um ano marcado pela divisão do País, ilustrada pelas eleições presidenciais e estaduais, o tema educação voltou intensamente à pauta. Tópicos como *homeschooling*, escola sem partido, escola militar, escola autônoma, entre várias outras possibilidades, percorreram o imaginário de cada um de nós, à medida que se transformaram em palavras que definem caminhos possíveis (ou não) para o futuro do Brasil.

E, mais uma vez, o tema **inovação na educação** apareceu como central. Para nós, que estudamos esse assunto há mais de 20 anos, podemos dizer que é difícil criar algo a partir do zero, a partir do nada. O processo de inovação é, em certa medida, contínuo, mesmo quando tem uma natureza disruptiva. E, geralmente, é baseado em um longo processo de cooperação e aprendizado. Aprendemos com os outros, respeitamos as perspectivas e eventualmente avançamos para novas bases.

Essa é, provavelmente, a essência do trabalho que buscamos aqui: abrir caminhos para o diálogo, a partir de ferramentas e ideias abertas e já prontas para serem utilizadas e repensadas. Fizemos isso por acreditar em um conceito básico da área de inovação: a compreensão de que precisamos considerar sempre o que veio antes. Estamos conectados às nossas experiências anteriores, e é também por conta dessas experiências que temos a oportunidade de fazer diferente, de fazer a diferença. Na prática, o novo depende, em alguma medida, do que já aconteceu. Claro, o novo também depende da abertura para o erro, do olhar para fora, entre outros aspectos. Porém, a partir disso, podemos dizer que toda inovação é um pouco tradição e, de alguma forma, está relacionada com uma experiência anterior.

Trabalhamos com *design* para inovação na educação, e a pesquisa que culminou com a publicação deste livro teve início a 13 anos atrás, quando alguns dos primeiros alunos de mestrado em Design da Unisinos começaram a estudar e a escrever sobre o tema. Cabe salientar que o *design* é um campo aplicado, então, nosso processo envolve prototipar a partir do estudo teórico, experimentar, avaliar e refletir o tempo todo sobre esse processo, redesenhando, voltando a campo e continuamente construindo algo novo de maneira coletiva.

Uma das primeiras dissertações de mestrado que o Gustavo orientou, escrita pela professora Dinara Dal Pai, foi sobre *design* e tecnologia na educação. Na época, poucos colegas estavam propondo pesquisas que impactavam a sala de aula do ensino superior ou novas práticas de engajamento para esse nível de formação. Nós testamos métodos, fizemos estudos comparativos entre *design* estratégico e *design thinking* (trabalho do professor Edgar Stuber), avançamos em práticas no ensino superior, mas também em práticas de formação para professores em escolas, buscando apoiá-los em competências que vão além do conteúdo.

Naquele período, o trabalho foi desenvolvido com a parceria intensa de vários colegas que estavam envolvidos com o grupo de pesquisa Inovação Orientada pelo Design para construção de engajamento em ambientes de aprendizagem (IODA). Preciso confessar que avançar nesses espaços não é tarefa fácil. É um trabalho árduo e com forte embasamento metodológico em teóricos como Tony Fry, Roberto Verganti, Anna Meroni, Daniela Sangiorgi, Arturo Escobar, entre tantos outros.

Projetamos um processo com o intuito de garantir que as pessoas que trabalham em diferentes escolas, organizações e universidades possam criar algo novo. Não é sobre nós, é sobre elas. Não se trata de uma proposta estabelecida, mas de cocriação e de abertura para que os caminhos sejam desenhados pelos verdadeiros protagonistas: professores, gestores, alunos, colaboradores. Por isso, não entregamos produtos padronizados: desde o início desenvolvemos projetos em conjunto com pessoas das escolas, das organizações e das universidades. Projetamos possibilidades, a partir de uma metodologia, e buscamos criar engajamento e inovação.

Contudo, é importante reforçar que não estávamos compartilhando algo que surgiu do nada. Nossas construções teórica e prática nasceram de uma experiência de muitos anos, que tem como foco o desenvolvimento de uma visão diferente da educação a partir da perspectiva do *design*.

Nos últimos anos, tivemos a oportunidade de trabalhar com parceiros como Colégio Farroupilha e Colégio Israelita, de Porto Alegre; Escola

Lumiar, de São Paulo; Grupo A; Sebrae; Fundação Sicredi; Unisinos; Prefeitura de Porto Alegre; Secretaria do Estado do Rio Grande do Sul; Fundação Fé e Alegria; Federación Latinoamericana de Colegios Jesuitas (Flacsi); Association of Universities Entrusted to the Society of Jesus in Latin America (Ausjal); entre tantos outros. Com cada um deles, tivemos a oportunidade de estudar, de experimentar e de repensar. Esse processo de conexão teórica e prática entre autores do campo da educação e autores do campo do *design*, citados anteriormente, nos ajudou a propor algo único que se apresenta como um processo de inovação na educação orientada pelo *design*.

Precisamos olhar para o futuro, criar coisas novas, respeitar caminhos possíveis a partir de cada área e avançar. Afinal, inovação também tem relação com cooperação, e a cooperação é dependente das conexões fortes que se estabelecem quando reconhecemos no outro uma oportunidade de aprender, um novo olhar, um lugar para desenvolver algo diferente juntos.

Nosso crescimento depende do que construímos e das oportunidades que desenvolvemos como coletivo, olhando para o agora e projetando o futuro. Este livro representa, de certa forma, um convite para cada um projetar esses caminhos conosco.

Referências

BAKKER, P.; ELKINGTON, J. To build back better, we must reinvent capitalism. Here's how. *World Economic Forum*, 2020. Disponível em: https://www.weforum.org/agenda/2020/07/to-build-back-better-we-must-reinvent-capitalism-heres-how/. Acesso em: 17 ago. 2022.

BALL, J. The double diamond: a universally accepted depiction of the design process. *Design Council*, 2019. Disponível em: https://www.designcouncil.org.uk/our-work/news-opinion/double-diamond-universally-accepted-depiction-design-process. Acesso em: 17 ago. 2022.

BERKLEE COLLEGE OF MUSIC. Massachusetts: Berklee, 2022. Disponível em: https://archives.berklee.edu/. Acesso em: 17 ago. 2022.

BORBA; G. S.; ALVES, I. M. R.; BARAUNA, D. (org.). *Projetando cenários futuros na educação*. Porto Alegre: Ed. dos Autores, 2021. *E-book*. Disponível em: https://www.unisinos.br/institutoinovacao/wp-content/uploads/2021/07/projetando-cenarios-futuro-educacao-ebook.pdf. Acesso em: 23 ago. 2022.

BORBA, G. S. *et al.* A geração Z e os processos de ensino e aprendizagem. CONGRESSO INTERNACIONAL DE PEDAGOGIA, 3., 2019. *Anais* [...]. Braga, 2019.

CLARKSON, J. *et al.* (ed.). *Inclusive design*. London: Springer, 2003.

DEWEY, J. *Democracy and education*. [S. l.: s. n.],1916. Disponível em: https://www.gutenberg.org/files/852/852-h/852-h.htm. Acesso em: 22 set. 2022.

DIXON-FYLE, S. *et al.* Diversity wins: how inclusion matters. *In: McKinsey & Company*, 2020. Disponível em: https://www.mckinsey.com/featured-insights/diversity-and-inclusion/diversity-wins-how-inclusion-matters. Acesso em: 23 ago. 2022.

HARGREAVES, A.; SHIRLEY, D. *Cinco caminhos para o engajamento*. Porto Alegre: Penso, 2022.

HARDEN, R. M.; CROSBY, J. AMEE Guide No 20: the good teacher is more than a lecturer-the twelve roles of the teacher. *Medical teacher*, v. 22, n. 4, p. 334-347, 2000. Disponível em: https://njms.rutgers.edu/education/office_education/community_preceptorship/documents/TheGoodTeacher.pdf. Acesso em: 23 ago. 2022.

HOLMES, K. *Mismatch*: how inclusion shapes design. Massachusetts: MIT, 2020.

HUNT, D. V. *et al.* Delivering through diversity. *McKinsey & Company,* 2018. Disponível em: https://www.mckinsey.com/business-functions/people-and-organizational-performance/our-insights/why-diversity-matters. Acesso em: 23 ago. 2022.

HUNT, D. V.; LAYTON, D.; PRINCE, S. Why diversity matters. *McKinsey & Company,* 2015. Disponível em: https://www.mckinsey.com/business-functions/people-and-organizational-performance/our-insights/why-diversity-matters. Acesso em: 23 ago. 2022.

INSTITUTO BRASILEIRO DE GEOGRAFIA E ESTATÍSTICA. Internet chega a 88,1% dos estudantes, mas 4,1 milhões da rede pública não tinham acesso em 2019. *Agência IBGE Notícias,* 2021. Disponível em: https://agenciadenoticias.ibge.gov.br/agencia-noticias/2012-agencia-de-noticias/noticias/30522-internet-chega-a-88-1-dos-estudantes-mas-4-1-milhoes-da-rede-publica-nao-tinham-acesso-em-2019. Acesso em: 22 set. 2022.

INSTITUTO PARA INOVAÇÃO EM EDUCAÇÃO. *Projetando cenários futuros na educação.* São Leopoldo: Unisinos, 2022. Disponível em: https://www.unisinos.br/instituto-inovacao/wp-content/uploads/2021/07/projetando-cenarios-futuro-educacao-ebook.pdf. Acesso em: 23 ago. 2022.

IVIĆ, I.; PESIKAN, A.; ANTIĆ, S. *Aktivno ucenje* [Active learning]. Beograd: Institut za psihologiju, 2001.

JOHNS HOPKINS UNIVERSITY. *COVID-19 Dashboard.* Maryland: JHU, 2022. Disponível em: https://www.arcgis.com/apps/dashboards/bda7594740fd40299423467b48e9ecf6. Acesso em: 23 ago. 2022.

KELLEY, T. *The ten faces of innovation*: IDEO's strategies for beating the devil's advocate & driving creativity throughout your organization. New York: Crown Business, 2005.

KLEON, A. *Roube como um artista:* 10 dicas sobre criatividade. São Paulo: Rocco, 2013.

KUMAR, V. *101 design methods*: a structured approach for driving innovation in your organization. New York: John Wiley & Sons, 2012.

LOCKWOOD, T. Transition: becoming a *design*-minded organization. *In*: LOCKWOOD, T. *Design thinking:* integrating innovation, customer experience, and brand value. New York: Allworth, 2010. p. 81-95.

MANZINI, E. *Design*, uma estratégia de articulação pelo bem comum. Entrevistador: João Vitor Santos. *Revista IHU Online*, n. 524, 2018. Disponível em: https://www.ihuonline.unisinos.br/artigo/7332-design-uma-estrategia-de-articulacao-pelo-bem-comum. Acesso em: 23 ago. 2022.

NAÇÕES UNIDAS BRASIL. Objetivo de desenvolvimento sustentável: 4 educação de qualidade. Brasília: Casa ONU Brasil, 2022. Disponível em: https://brasil.un.org/pt-br/sdgs/4. Acesso em: 23 ago. 2022.

OECD. Ten steps to equity in education. *Policy Brief,* 2008. Disponível em: https://www.oecd.org/education/school/39989494.pdf. Acesso em: 24 ago. 2022.

OSTERWALDER, A.; PIGNEUR, Y. *Business model generation*: a handbook for visionaries, game changers, and challengers. New York: John Wiley & Sons, 2010.

PEREZ, C. C. *Invisible women*: data bias in a world designed for men. New York: Abrams, 2019.

PERRENOUD, P. *A pedagogia na escola das diferenças*: fragmentos de uma sociologia do fracasso. Porto Alegre: Artmed, 2001.

ROBINSON, K. How to escape education's death valley. *Ted talks education*, 2013. 1 vídeo (19 min). Publicado pelo canal de Sir Ken Robinson. Disponível em: https://www.ted.com/talks/sir_ken_robinson_how_to_escape_education_s_death_valle.Acesso em: 24 ago. 2022.

ROBINSON, K. *Out of our minds*. Minnesota: Capstone, 2011.

ROSE, T. *The end of average*: how to succeed in a world that values sameness. London: Penguin UK, 2016.

SANDEEN, C. A.; HUTCHINSON, S. Putting creativity and innovation to work: continuing higher education's role in shifting the educational paradigm. *Continuing Higher Education Review*, v. 74, p. 83, 2010. Disponível em: https://files.eric.ed.gov/fulltext/EJ907252.pdf. Acesso em: 24 ago. 2022.

SEELIG, T. *Creativity rules*: get ideas out of your head and into the world. US: HarperCollins, 2017.

SEEMILLER, C. et al. What makes learning enjoyable? Perspectives of today's college students in the U.S. and Brazil. *Journal of Pedagogical Research*, v. 5, n. 1, p. 1-17, 2021. Disponível em: https://www.ijopr.com/article/what-makes-learning-enjoyable-perspectives-of-todays-college-students-in-the-us-and-brazil-9327. Acesso em: 7 ago. 2022.

SEEMILLER, C. et al. *Gen Z global data*. No prelo.

SEEMILLER, C. et al. How generation z college students prefer to learn: a comparison of u.s. and brazil students. *Journal of Education Research & Practice*, v. 9, n. 1, 2019. Disponível em: https://scholarworks.waldenu.edu/jerap/vol9/iss1/25/. Acesso em: 7 ago. 2022.

SEEMILLER, C.; GRACE, M. *Generation Z goes to college*. San Francisco: Jossey-Bass, 2016.

SIMON, H. *The sciences of the artificial*. 3rd. ed. Massachusetts: MIT, 1996.

STICKDORN, M.; SCHNEIDER, J. *Isto é design thinking de serviços*: fundamentos, ferramentas, casos. Porto Alegre: Bookman, 2014.

STOJILJKOVIĆ, S.; DJIGIĆ, G.; ZLATKOVIĆ, B. Empathy and teachers' roles. *Procedia-Social and Behavioral Sciences*, v. 69, p. 960-966, 2012. Disponível em: https://www.sciencedirect.com/science/article/pii/S187704281205481X. Acesso em: 23 ago. 2022.

UC SAN DIEGO. Office for Equity, Diversity, and Inclusion. California: UC San Diego, 2022. Disponível em: https://diversity.ucsd.edu/. Acesso em: 23 ago. 2022.

UNESCO. *Manual para garantir inclusão e equidade na educação*. Brasília: UNESCO, 2019. Disponível em: https://prceu.usp.br/wp-content/uploads/2020/10/2019-Manual-para-garantir-a-inclusao-e-equidade-na-educacao.pdf. Acesso em: 23 ago. 2022.

UNICEF. *Prospects for children in 2022*: a global outlook. New York: Unicef, 2022. Disponível em: https://www.unicef.org/globalinsight/media/2471/file/UNICEF-Global-Insight-Prospects-for-Children-Global-Outlook-2022.pdf. Acesso em: 23 ago. 2022.

UNICEF. *Reimagining our future*. New York: Unicef, 2020. Disponível em: https://www.unicef.org/media/73326/file/COVID-Climate-Advocacy-Brief.pdf. Acesso em: 23 ago. 2022.

UNISINOS. *Competências digitais que professores precisam desenvolver*. São Leopoldo: Pós-Unisinos, c2021. Disponível em: https://poseducacao.unisinos.br/blog/competencias-digitais. Acesso em: 17 nov. 2022.

UNIVERSITY OF WASHINGTON. Diversity, equity, and inclusion definitions. Washington: UW, 2022. Disponível em: https://www.washington.edu/research/or/office-of-research-diversity-equity-and-inclusion/dei-definitions/. Acesso em: 23 ago. 2022.

WILKINSON, R.; PICKETT, K. *O nível*: por que uma sociedade mais igualitária é melhor para todos. Rio de Janeiro: Civilização Brasileira, 2015.

LEITURAS RECOMENDADAS

SAHLBERG, P. *Finish lessons*: what can the world learn from educational change in Finland? New York: Teachers College, 2011.

SAHLBERG, P. *Finish lessons 2.0*: what Can the world learn from educational change in Finland? 2. ed. New York: Teachers College, 2014.

SAHLBERG, P. *Finish lessons 3.0*: what can the world learn from educational change in Finland? New York: Teachers College, 2021.